Nicolas Fromm

KATAR

Sand, Geld und Spiele

Ein Porträt

C.H.Beck

Mit 9 Abbildungen und 2 Karten

Originalausgabe
© Verlag C.H.Beck oHG, München 2022
www.chbeck.de
Umschlaggestaltung: Kunst oder Reklame, München
Umschlagabbildung: Das Al-Thumama-Stadion in Doha, 22. Oktober 2021,
© Karim Jaafar/AFP via Getty Images
Satz: C.H.Beck.Media.Solutions, Nördlingen
Druck und Bindung: Druckerei C.H.Beck, Nördlingen
Gedruckt auf säurefreiem und alterungsbeständigem Papier
(hergestellt aus chlorfrei gebleichtem Zellstoff)
Printed in Germany
ISBN 978 3 406 79011 9

myclimate

klimaneutral produziert
www.chbeck.de/nachhaltig

Inhalt

Einleitung: Sand, Geld und Spiele · · · · · · · · · · 9

1. Geographie und Umwelt · · · · · · · · · · · 15
Ein Kleinststaat mit vielen Grenzen · 16
Hitze und Smog · 18

2. Beduinen und Strategen · · · · · · · · · · · 25
Der Aufstieg der Al Thani · 26
Ein neues Selbstbewusstsein: Emir Hamad · 33
Wachsende Herausforderungen · 40

3. Im Inneren des Emirats · · · · · · · · · · · 45
Absolutismus im demokratischen Gewand · 46
Staatsbürgerschaft und Bevölkerung · 49

Freiheit mit Ausnahmen: Medien und Zensur · 53

Das Ringen zwischen Liberalismus und Wahhabismus · 55

Beduinische Traditionen · 59

4. Rohstoffe und Reichtum · 63

Öl und Gas, Fluch und Segen · 65

Zentralisierung und Diversifizierung · 69

5. Ausbeutung und Arbeitsmarkt · 75

Das System der vielen Schubladen · 77

Ausbeutung im Kafala-System · 84

Wirkungslose Reformen? · 88

6. Wirtschaftsbeziehungen und Investitionen · 91

Handelsverbindungen in alle Welt · 92

Das Emirat als Investor · 95

7. Katar auf dem diplomatischen Parkett · 101

Ganz bewusst zwischen den Stühlen · 104

Die neue Rolle als Mediator · 107

Umstrittene Partner · 111

Der «Arabische Frühling» und Verbindungen zur
Muslimbruderschaft · 113

Qatar Charity und die Förderung muslimischer Vereine
in Europa · 116

8. Regionales Gerangel: Die Katar-Krise 2017–2021 · 119

Chronologie der Krise · 121

Internationale Reaktionen · 125

9. Nation Branding und der lange Weg zur WM · 131

Von Null auf Nationalstaat · 132

Fans als Botschafter · 136

WM 2022 in Katar: Ein Skandal? · 139

Fußball und Politik: Stellvertreterkriege auf dem
Spielfeld · 143

Fazit · 149

Dank · 153

Zeittafel · 155

Chronologie der Al Thani-Herrscher · 159

Anmerkungen · 161

Literaturhinweise · 165

Bildnachweis · 167

Personenregister · 169

Einleitung:
Sand, Geld und Spiele

ine Ödnis aus Sand und Staub, so präsentierte sich Katar bis ins frühe 21. Jahrhundert seinen unbeeindruckten Besuchern.[1] Eindruck hinterließen zumeist nur die vor dem Harrods oder der Spielbank Montecarlo abgestellten Supersportwagen mit katarischen Kennzeichen, die zumindest am Reichtum des kleinen Wüstenstaates keinen Zweifel aufkommen ließen. Das Klischee des schwerreichen Ölscheichs, der fernab der staubigen Heimat den Freuden eines ungebrochenen Kapitalismus nachgeht, prägt bis heute die Wahrnehmung Katars und seiner Nachbarländer in weiten Teilen der Welt und auch in Deutschland. Auch die Errichtung neuer Sehenswürdigkeiten – als bedeutende Beispiele seien hier das 2008 in Doha eröffnete Museum für Islamische Kunst des internationalen Stararchitekten I. M. Pei und das Arabische Museum für Moderne Kunst genannt – konnte an der bescheidenen Strahlkraft nicht viel ändern. Zudem erreichen uns aus Presseartikeln regelmäßig brisante Vorwürfe, die von der Unterstüt-

zung islamistischer Gruppen bis zur Ausbeutung von Arbeitsmigranten reichen. Entsprechend groß fiel die Überraschung
und Entrüstung aus, als die Fußballweltmeisterschaft 2022 ausgerechnet nach Katar vergeben wurde. Ein Skandal?

Aus der intensiven und kritischen Beschäftigung der internationalen Medien mit Katar wird bereits deutlich, dass es sich
um ein außergewöhnliches Gastgeberland handelt: Katar ist das
erste Land der arabischen Welt, das sich erfolgreich um die
Austragung einer Fußballweltmeisterschaft beworben hat. Katar
ist kein Mitglied der Vereinigten Arabischen Emirate wie Abu
Dhabi oder Dubai, sondern trotz seiner geringen Fläche und Bevölkerung ein eigenständiger Staat mit eigenem Sitz in den Vereinten Nationen, eigenen Botschaften und eigenen politischen
und wirtschaftlichen Zielen und Positionen.

Katar liegt auf einer kleinen Landzunge im Arabischen beziehungsweise Persischen Golf und grenzt im Süden an die Regionalmacht Saudi-Arabien. Spätestens seit der Blockade 2017
durch Saudi-Arabien und andere arabische Staaten herrscht ein
ausgesprochen angespanntes Verhältnis zwischen Katar und
seinen Nachbarn. Gleichzeitig ist Katar der Sitz des Hauptquartiers der US-amerikanischen Truppen in der Region. Besonders
während des Irak-Krieges im Jahr 2003 spielte das Emirat eine
bedeutende militärstrategische Rolle als Kommandozentrale
und Ausgangsbasis für US-Luftangriffe. Im Rahmen einer außer-
gewöhnlich umtriebigen Außenpolitik unterhält das kleine Land
zudem enge Kontakte zu sehr unterschiedlichen Gesprächspart-
nern: Neben den großen Industriestaaten gehören insbesondere
Israel und Iran dazu sowie islamistische Organisationen und
Gruppierungen wie die afghanischen Taliban, die ägyptische
Muslimbruderschaft oder die palästinensische Hamas.

Neben diesen diplomatischen Balance-Akten fällt vor allem
der scheinbar unermessliche Wohlstand des Staates und seiner

Staatsbürger auf. Nach Daten aus dem Jahr 2017 ist Katar mit einem kaufkraftbereinigten Bruttoinlandsprodukt von über 120 000 US-Dollar pro Kopf das reichste Land der Welt. Dank massiver Einnahmen aus der Förderung und dem Export von Erdöl und vor allem Erdgas genießen Katarer zahlreiche Privilegien wie kostenlosen Strom oder gut bezahlte Arbeitsplätze im öffentlichen Dienst. Russlands Krieg gegen die Ukraine und die nicht nur in Deutschland daraus folgenden Bemühungen, Russland schnellstmöglich als Gaslieferanten zu ersetzen, machen Flüssiggas aus Katar interessanter denn je und lassen Doha auch zukünftig gute Einnahmen erwarten. Katar investiert seine Überschüsse regelmäßig in internationale Unternehmen, um von der weltwirtschaftlichen Entwicklung zu profitieren und Ausfallrisiken zu diversifizieren. So sind auch einige Unternehmen mit Sitz in Deutschland anteilig in katarischem Besitz, die bekanntesten Beispiele sind Volkswagen und die Deutsche Bank. Aufgrund des atemberaubenden Wirtschaftswachstums wurden seit den 1980er-Jahren immer mehr Arbeitskräfte aus dem Ausland rekrutiert, um die ambitionierten Bau- und Entwicklungsprojekte umzusetzen. Heute sind daher nur rund 10 Prozent der lokalen Bevölkerung katarische Staatsbürger, 90 Prozent besitzen weder einen katarischen Pass noch eine langfristige Bleibeperspektive und zählen somit zu den Gastarbeitern.

Dieses extreme gesellschaftliche Ungleichgewicht sorgt für große Kontraste. So wuchsen in den vergangenen Jahren soziale, wirtschaftliche und politische Spannungen zwischen traditionell islamisch geprägten und progressiven, dem Westen gegenüber aufgeschlossenen Bevölkerungsgruppen. Als Ergebnis dieser Spannungen hat sich in Katar eine islamische Moderne herausgebildet, die zwischen Religion und Geschäft, Konservatismus und Weltoffenheit zu vermitteln sucht. Wie

Einleitung: Sand, Geld und Spiele 13

schwierig sich diese Gratwanderung gestalten kann, wird am Umgang mit der religiösen Pluralität des Landes deutlich. Aufgrund der zahlreichen Gastarbeiter unterschiedlicher Herkunft und Religion bemüht sich der Staat, durch Offenheit für nichtmuslimische Fachkräfte aus den Industriestaaten attraktiv zu bleiben und gleichzeitig die arabisch-islamische Identität des noch jungen Staates zu wahren. Dieser Weg ist umso schwieriger, als die Katarer in ihrem Land nur ein Zehntel der Bevölkerung stellen und der öffentliche Raum stark von den Gastarbeitern geprägt wird. Während in Europa schon sehr geringe Einwandererzahlen für Aufregung und Ablehnung sorgen, versucht der Kleinststaat Katar, seine fragile nationale Identität unter massivem internationalem und internem Druck zu finden und zu manifestieren. Daraus ergeben sich schwierige Entscheidungen für die Führung des Landes und insbesondere den Emir, der trotz der absoluten Monarchie stets um seine Legitimität als Herrscher kämpfen muss. Es ist somit offen, ob und wie Katar das ehrgeizige Ziel erreichen wird, weltweit bekannt und bedeutend zu werden und dies auch zu bleiben. Erweisen sich die weit verzweigten und teilweise konfliktträchtigen diplomatischen Kanäle und wirtschaftlichen Verbindungen als stabiles Netzwerk oder als übermütige Strategie eines isolierten Mikro-Staates?

Das vorliegende Buch will dazu beitragen, Katar und die Golfregion und ihre komplexen internationalen Beziehungen besser zu verstehen und der im Westen leider manchmal ignorant-überheblichen Berichterstattung einen sachlicheren Zugang gegenüberzustellen. Gerade im Zuge der Fußballweltmeisterschaft in Katar Ende 2022 besteht für Deutschland und andere Industriestaaten nicht nur die Chance auf lukrative Aufträge, sondern auch die historisch vielleicht einmalige Gelegenheit, Veränderungen und Reformen im Land konstruktiv zu begleiten und die Basis für eine zukünftige Zusammenarbeit auf Augenhöhe zu legen. Immerhin sind die Golfstaaten heute aus der Weltpolitik nicht mehr wegzudenken. Sie sind bedeutende Akteure, nicht nur im sogenannten Kampf gegen den Terror, sondern auch als Finanziers und Vorbilder für große Teile der arabischen und islamischen Welt. Das macht vor allem Katar zu einem naheliegenden, allerdings auch nicht immer einfachen Partner, wenn es etwa um die Stabilisierung und Entwicklung der Mittelmeerregion geht – immerhin ist der katarische Einfluss auf die nordafrikanischen Regierungen nicht mehr zu übersehen. Es wird also höchste Zeit, sich ernsthaft mit den Staaten der Golfregion zu beschäftigen und sich bei der Analyse nicht mit dem Klischee des superreichen Ölscheichs zufrieden zu geben. Die WM 2022 ist der bislang sichtbarste Ausdruck der umfassenden katarischen Ambitionen und somit eine großartige Gelegenheit, um das Land kennenzulernen und die katarische (Sport-) Diplomatie in Echtzeit zu beobachten. Denn aus Sand und Geld ist in Katar durchaus Bemerkenswertes entstanden.

1.
Geographie und Umwelt

Ein Kleinststaat mit vielen Grenzen

Katar ist wie Saudi-Arabien, Jemen, Oman, Kuweit und die Vereinigten Arabischen Emirate ein Staat auf der Arabischen Halbinsel. Während Bahrein auf einer vorgelagerten Inselgruppe liegt, erstrecken sich im Norden noch die Territorien Jordaniens und des Iraks bis auf die Halbinsel, die zwar geologisch zum afrikanischen Kontinent, aber geographisch zu Asien gezählt wird. Sie wird im Westen vom Roten Meer und vom Golf von Akaba begrenzt, im Süden vom Arabischen Meer und im Nordosten vom Persischen Golf, der in der arabischen Welt Arabischer Golf genannt wird. Dieser Bezeichnung folgt dieses Buch, da ein arabisches Land beschrieben wird. Auch wenn die Arabische Halbinsel fast vollständig von Wüste bedeckt ist, bildet sie das historische, das wirtschaftliche und in zunehmendem Maße auch wieder das politische Zentrum der arabischen Welt. Während traditionelle politische Schwergewichte wie Ägypten,

Syrien, Libyen oder der Irak in den vergangenen Jahren mit Kriegen, Unruhen und Regimewechseln beschäftigt waren, konnten sich die arabischen Golfstaaten als stabile Gegenmodelle positionieren und so regionale und weltpolitische Verantwortung von den ehemals führenden arabischen Nationen übernehmen. Die damit verbundenen Schwierigkeiten werden in den folgenden Kapiteln dargestellt.

Katar ist eine nur 11 437 Quadratkilometer große Halbinsel, die in den Arabischen Golf ragt und im Süden über eine 87 Kilometer lange Landgrenze mit dem saudi-arabischen Festland verbunden ist. Diese Grenze war seit dem Abbruch der diplomatischen Beziehungen und dem Boykott Katars durch eine von Saudi-Arabien angeführte Allianz zwischen 2017 und 2021 geschlossen. Das Land wurde währenddessen ausschließlich über den Seeweg und per Luftverkehr versorgt. Eine 45 Kilometer lange «Freundschaftsbrücke» sollte Katar – ursprünglich pünktlich zur WM 2022 – zusätzlich mit dem Inselstaat Bahrein verbinden und das Land so unabhängiger von Saudi-Arabien machen, doch das Projekt liegt angesichts andauernder Spannungen in der Region weiterhin auf Eis. Die Planungen für eine zweite Brücke zwischen Katar und den Vereinigten Arabischen Emiraten wurden bereits vor einigen Jahren auf saudischen Druck verworfen.

Katar hat eine 563 Kilometer lange Küstenlinie und Seegrenzen mit Saudi-Arabien, Bahrein, den Vereinigten Arabischen Emiraten und Iran. Diese Seegrenzen waren oft umstritten und wurden zum Teil durch den Internationalen Gerichtshof festgelegt. Der Streit um die Grenzziehung zwischen Katar und Saudi-Arabien dauerte von der ursprünglichen Vereinbarung im Jahr 1965, also noch vor der katarischen Unabhängigkeit von britischem Mandat 1971, bis in die 2000er-Jahre. Im Mittelpunkt der territorialen Interessen stehen oft unterirdische Rohstoffreserven, von deren Ausbeutung wirtschaftliche Vorteile erwartet werden. Da der Grenzverlauf nicht immer für klare und konfliktfreie Besitzverhältnisse sorgt, wurden bereits vor Beginn der Förderung zahlreiche Abkommen zur grenzüberschreitenden Ausbeutung der Ressourcen geschlossen. Zu nennen sind hier insbesondere die Vereinbarung zwischen Katar und den Vereinigten Arabischen Emiraten, das Ölfeld al-Bunduq gemeinsam zu nutzen, sowie die Kooperation von Katar und Iran bei der Ausbeutung riesiger Erdgas-Vorkommen.

Katar ist seit 2014 in acht Verwaltungsbezirke unterteilt. Der größte Teil der Bevölkerung, im Jahr 2019 rund 2,8 Millionen Menschen,[2] lebt im Ballungsgebiet der Hauptstadt Doha im Osten des Landes. Die Bezirke ar-Rayyan, al-Wakra und Umm Salal grenzen direkt an den Distrikt Doha. Die Bezirke al-Chaur, ad-Da'ayan und asch-Schamal liegen im Norden, während sich asch-Schahaniyya im Zentrum des Landes um eine große Kamel-Rennbahn gruppiert. Der höchste Punkt ist mit 103 Metern über dem Meeresspiegel der Tuwayyir al-Hamir, ein Hügel in der Nähe der Grenze zu Saudi-Arabien im südlichen Teil Katars. Alle größeren Siedlungen sind an ein asphaltiertes Straßennetz angeschlossen, das mittlerweile rund 10 000 Kilometer umfasst. Der 2014 eröffnete Hamad International Airport befindet sich in der Nähe der Hauptstadt und soll Doha als internationales Drehkreuz etablieren.

Hitze und Smog

Das katarische Staatsgebiet besteht zu großen Teilen aus fast vollständig vegetationsloser Kalkstein-Wüste. Im Inland gibt es keine ganzjährig vorhandenen Gewässer und nur in der nördlichen Landeshälfte ist das Grundwasser nutzbar. Entlang der Küste bilden sich vorübergehend flache Salzwasser-Becken, die aufgrund der Verdunstung meist von einer dicken Salzkruste bedeckt sind. Nur rund 28 000 Hektar oder 2,5 Prozent der Fläche können landwirtschaftlich genutzt werden, doch wegen des trockenen Wüstenklimas mit milden Wintern und extrem heißen Sommern mit Durchschnittstemperaturen von über 40 Grad Celsius ist die Bewirtschaftung nur stark eingeschränkt möglich. Vereinzelt werden Tomaten, Kürbisse, Getreide und Zitrusfrüchte angebaut. Damit werden höchstens 10 Prozent der Binnennachfrage durch die katarische Produktion gedeckt. Auch Sandstürme machen das Wetter für Mensch und (Nutz-) Tier unangenehm, weshalb die Viehhaltung, etwa zur Milchproduktion, in großen Teilen in geschlossenen klimatisierten Räumlichkeiten stattfindet. Eine traditionelle nomadische Viehhaltung gibt es praktisch nicht mehr.

So überrascht es kaum, dass Wasserknappheit, Umweltverschmutzung und ein extrem hoher CO_2-Ausstoß in Katar zu großen Problemen geworden sind. Wegen der äußerst knappen Süßwasservorkommen ist das Land bei der Trinkwasserversorgung der Einwohner heute fast vollständig auf Meerwasserentsalzungsanlagen angewiesen. Auch der Wasserbedarf von Landwirtschaft und Industrie wird zum größten Teil auf diese Weise gedeckt. Die gigantischen Entsalzungsanlagen treiben den massiven Energieverbrauch Katars weiter in die Höhe, der durch die intensive und flächendeckende Nutzung von Klimaanlagen ohnehin besorgniserregend hoch ist. Angesichts der unangenehm feucht-heißen Sommer und der weitgehend westlich geprägten Architektur und Lebensweise ist eine Begrenzung der Klimatisierung nicht absehbar: Während traditionelle Bauformen der Golfregion etwa durch natürliche Baumaterialien, kleine Fensterausschnitte und Windfänger, die die Luftzirkulation im Inneren der Gebäude förderten, auch bei Hitze für ein erträgliches Raumklima sorgten, ist bei den zeitgenössischen Objekten aus Stahl, Beton und sehr viel Glas, die von internationalen Architekturbüros in Doha errichtet werden, eine leistungsstarke Klimaanlage fester Bestandteil der Planung. Die weitläufige Stadtplanung nach nordamerikanischem Vorbild macht zudem häufige Fahrten mit dem Auto nötig, was weiter zur Erwärmung und Verschmutzung der Stadtluft beiträgt. Dieser Effekt wird durch die häufig überlastete Straßeninfrastruktur und entsprechend lange Dauerstaus noch verstärkt. Annähernd 100 Prozent der benötigten Energie wird in Katar aus fossilen Energieträgern gewonnen.

Diese bedenkliche Tendenz wurde von den Herrscherhäusern in Katar und anderen Golfmonarchien inzwischen erkannt, und so werden immer mehr Großprojekte realisiert, die sich an regionaler arabischer Architektur und Stadtplanung orientieren. Im neuen Stadtteil Msheireb Downtown Doha etwa soll schattenspendende Architektur die Klimaanlagennutzung minimieren, kurze Wege sollen das Auto weitgehend verzichtbar machen. Gerade dieses prominent im Zentrum Dohas gelegene Projekt zeigt, wie sich Umwelt-, Verkehrs- und Identitätspolitik überschneiden: Statt historische Einflüsse wie andernorts in der Region in ein Freiluftmuseum zu verbannen, sollen hier die aktuell international vorherrschenden städtebaulichen Ideale mit der regionalen Bautradition und Lebensweise verknüpft werden. Auch die bereits 2006 abgeschlossene Sanierung des zentralen Marktes in Doha (Souq Waqif) nach historischem Vorbild zeugt von steigender Wertschätzung des regionalen Erbes. Ob sich die Hoffnungen auf ein von Passanten und Geschäften belebtes Stadtzentrum nach traditionellem Vorbild erfüllen und sich die Innenstadt von Doha wieder zu einem attraktiven Wohnviertel entwickelt, wird die Zukunft zeigen.

Hitze und Smog 21

Wolkenkratzer in Doha, 2009: Die Architekten folgen trotz der unterschiedlichen Traditionen und klimatischen Bedingungen westlichen Mustern.

Doch eine flächendeckende Veränderung des Lebensstils mit deutlich reduziertem Energieverbrauch ist unter den derzeitigen Umständen kaum zu erwarten. Schließlich werden gleichzeitig immer neue Wolkenkratzer im Stadtviertel West Bay errichtet, deren internationale Glas-Architektur den Energieverbrauch in die Höhe treibt. Sie entsprechen – wie die meisten geplanten Großbauwerke für die Fußballweltmeisterschaft – weitgehend standardisierten westlichen Vorbildern und zitieren die regionale Bautradition nur durch die Auswahl typischer arabischer Dekore. Bei Fertigstellung der West Bay sollen hier 180 Hochhäuser stehen. Dass für das katarische Vorzeigeprojekt Msheireb Downtown Doha zunächst große Teile der bestehenden Innenstadt abgerissen wurden, schwächt den Nachhaltigkeitsaspekt zusätzlich.

Die Skepsis speist sich auch aus den zwiespältigen Erfahrungen mit ähnlich ambitionierten Entwicklungsprojekten in der Region. Besonders die enttäuschende Bilanz des mittlerweile unterbrochenen ökologischen Vorzeigeprojektes Masdar City in Abu Dhabi hat große Zweifel an solchen Großprojekten in der Golfregion hinterlassen. Nur ein Bruchteil der ehrgeizigen Planungen wurde dort realisiert. Der Erstbezug war ursprünglich für das Jahr 2016 geplant, bis 2017 waren jedoch nur rund 5 Prozent der vorgesehenen Bebauung fertiggestellt. Auch die errechnete Emissionsreduktion steht in der Kritik, die Ziele seien aus internationaler Perspektive nicht besonders ambitioniert.

Ein handfestes Hindernis auf dem Weg zu einer nachhaltigeren Lebensweise ist zudem der nach wie vor fehlende Anreiz für Privatpersonen und Gewerbe, sparsam mit Ressourcen umzugehen. Für katarische Staatsbürger sind Strom und Wasser kostenlos. Industrieunternehmen zahlen einen subventionierten Strompreis von nur rund 20 Dollar pro Megawattstunde. Dies entspricht etwa 10 Prozent des Strompreises für Unternehmen in Deutschland im Jahr 2018. Alle übrigen Verbraucher bezahlen auf den Preis einen Aufschlag von circa 50 Prozent, was ebenfalls auf etwa 10 Prozent der Kosten eines deutschen Privathaushalts hinausläuft. Entsprechend hoch ist der Pro-Kopf-Verbrauch, der zwar seit den frühen 2000er-Jahren stabilisiert werden konnte, aber dennoch zu den höchsten weltweit gehört.

Die Folge der günstigen Elektrizität und der extrem energieintensiven Wasseraufbereitung ist ein absoluter Spitzenwert beim CO_2-Ausstoß: Weltbank-Statistiken weisen Katar als das Land mit dem global höchsten Pro-Kopf-Wert aus. Mit über 30 Tonnen CO_2 verursachte 2019 jeder Einwohner Katars fast doppelt so viele Emissionen wie ein US-Amerikaner und dreimal so viel wie eine Person in Deutschland. So entspricht der Gesamtausstoß von Katar bei deutlich niedrigeren Bevölkerungszahlen in etwa den Werten von Berlin und Hamburg zusammen. Als die Weltklimakonferenz der Vereinten Nationen 2012 ausgerechnet in Doha stattfand, war das für Kritiker ein Sinnbild für das Scheitern der internationalen Klimaschutzbemühungen insgesamt.

Dass Katar zusammen mit den anderen arabischen Golfmonarchien zu den Staaten mit dem am wenigsten nachhaltigen Energieverbrauch gehört, verwundert angesichts der riesigen fossilen Reserven wenig. Die katarischen Gasreserven reichen aus, um die Bevölkerung noch über Jahrhunderte mit Energie zu versorgen. Allerdings ist das Land volkswirtschaftlich vom Export der Energieträger abhängig und daher sehr daran interessiert, möglichst wenig im eigenen Land zu verbrauchen. Somit liegt ein großes Augenmerk – neben dem Schutz des Wappentiers, der Oryx-Antilope – auf dem Erhalt der Energiereserven durch geologisch nachhaltige Ausbeutung und zunehmend auch durch maßvolleren Konsum.

2.
Beduinen und Strategen

Noch bis kurz vor der Jahrtausendwende war der kleine Golfstaat Katar weitgehend unbekannt. In den 1990er-Jahren wurde Doha gerne als langweiligster Ort der gesamten Golfregion bezeichnet. Seitdem hat sich durch die umtriebigen Bemühungen der Herrscherfamilie viel geändert. Die Al Thani-Familie[3] prägt die Geschicke des Landes seit Jahrhunderten und gehört heute zu den größten Herrscherfamilien in der Region. Schätzungen zufolge sind bis zu 25 Prozent der katarischen Staatsbürger familiär mit den Al Thani verbunden.

Der Aufstieg der Al Thani

Wie archäologische Ausgrabungen nahelegen, war die katarische Halbinsel bereits im Paläolithikum besiedelt. Allerdings führte die zunehmende Trockenheit dazu, dass die Bevölkerung seit dem 5. Jahrtausend vor Christus stetig abnahm. Bis zum 18. Jahrhundert nach Christus blieb die Halbinsel ein unwirtlicher und weitgehend verlassener Ort. Die fehlenden Wasserressourcen verhinderten eine Bewirtschaftung des Bodens, sodass die sporadischen Siedlungen von Beduinen oder Perlentauchern lange die einzigen Zeugnisse menschlichen Lebens blieben. Im Jahr 628 nach Christus schlossen sich die Bewohner der Region dem Propheten Mohammed an und bekannten sich zum Islam. Die Perlenfischerei sorgte über Jahrhunderte für ein bescheidenes Auskommen und steht bis heute als wichtiges Symbol für das historische Erbe des Landes. Die Austernmuscheln wurden traditionell ohne Taucherausrüstung in täglich bis zu 50 Tauchgängen gefischt und am Tag darauf geöffnet, um die Perlen zu ernten. Zu Beginn des 20. Jahrhunderts sollen fast 50 Prozent der Bevölkerung in oder mit der Perlenfischerei beschäftigt gewesen sein, auch viele Beduinen gehörten zu den Besatzungen der Perlentaucherboote. In der Hauptstadt Doha erinnern heute gigantische Skulpturen in Muschelform an diese Tradition.

In der Mitte des 18. Jahrhunderts wanderten Beduinen des Al Thani-Clans in den Nordwesten Katars ein. Wenige Jahre später folgten Mitglieder der Familie Al Khalifa, die aus dem Gebiet des heutigen Kuweit an der Nordküste des Arabischen beziehungsweise Persischen Golfes stammen. Machtkämpfe zwischen beiden Familien um die Vorherrschaft prägten die zweite Hälfte des Jahrhunderts. Auch regionale Mächte zeigten zunehmend Interesse an dem Territorium, nicht zuletzt, weil von der Küste Katars aus immer wieder Piraten den Seeverkehr im Golf behinderten. 1783 erfolgte ein persischer Angriff, den die Al Khalifa jedoch abwehren konnten. Ihnen gelang auch die Eroberung der benachbarten Insel Bahrein, wo sich daraufhin ein Großteil der Al Khalifa niederließ. In der Folge wurden die

Machtverhältnisse in Katar neu geordnet; Persien, der Sultan von Oman sowie mächtige Piratenfürsten versuchten, ihre jeweiligen Interessen durchzusetzen. Dennoch gelang es den Al Thani in dieser turbulenten Zeit, ihre Macht insbesondere an der Ostküste auszubauen und in Doha ein neues Zentrum zu errichten.

In den 1820er-Jahren konnte schließlich Sheikh Thani bin Mohammed[4] die Vormacht der Familie behaupten, indem er erstmals das komplette Gebiet der katarischen Halbinsel unter die Kontrolle der Al Thani brachte. Doch auch in der Folgezeit kam es immer wieder zu Konflikten zwischen den Al Thani und den Al Khalifa, die ihren Einfluss auf der katarischen Halbinsel nicht kampflos aufgeben wollten. 1867 griffen Mitglieder der Al Khalifa aus Bahrein die Siedlungen Doha und al-Wakra an und zerstörten sie fast vollständig. Der Gegenangriff der Al Thani auf Bahrein verlief zwar erfolglos, allerdings schaltete sich jetzt die Kolonialmacht Großbritannien ein und erzwang einen Frieden unter den rivalisierenden Familien. Das Vereinigte Königreich setzte auf diese Weise sein Interesse an einem reibungslosen Handel und dem sicheren Transport von Waren in der Region durch. Katar und Bahrein wurden voneinander getrennt und waren von nun an offiziell Teil der britischen Einflusszone. Ein Vertrag sicherte Katar nicht nur Schutz vor Angriffen zu, sondern machte Sheikh Mohammed vor Ort auch zum ersten und einzigen Ansprechpartner für die britische Kolonialmacht. Die Konsolidierung des britischen Einflusses in Katar ist also eng mit der Konsolidierung der Al Thani-Vorherrschaft verknüpft. Die Geschicke Katars sind seitdem untrennbar mit dieser Familie verbunden.

Unter britischem Schutz legte Sheikh Jassim ab 1878 die Grundlagen einer Al Thani-dominierten katarischen Nation. Ihm gelang es, die verschiedenen Beduinen-Stämme auf katarischem Territorium unter seiner Herrschaft zu vereinen. Der Nationalfeiertag am 18. Dezember erinnert seit 2007 an die Machtübernahme Sheikh Jassims. Doch während die Al Thani ihre Vormachtstellung in Katar gegenüber den anderen Familien sichern konnten, wurden sie seit den 1870er-Jahren vom Osmanischen Reich bedroht. Osmanische Truppen besetzten Teile der Halbinsel und sicherten sich vorübergehend einen großen Einfluss auf die Verwaltung des Landes. Die Lage wurde erst 1913 durch eine erneute Intervention Großbritanniens geklärt, die die osmanische Macht in der Region begrenzen und gleichzeitig eine weitere Expansion der einflussreichen wahhabitischen Bewegung[5] aus Saudi-Arabien unterbinden sollte. Nach dem Eingreifen der Großmacht zogen sich 1916 die letzten osmanischen Truppen aus katarischem Gebiet zurück. Dieser historische Abschnitt zeigt deutlich, dass Katar zu Beginn des 20. Jahrhunderts kaum über eigene Machtmittel verfügte und der Einfluss der Herrscherfamilie auf das Gebiet der Halbinsel beschränkt blieb. Die Möglichkeiten zu eigenständiger Außen- und Nachbarschaftspolitik waren durch die Dominanz der Großmächte in der Region stark begrenzt.

Im Zusammenhang mit dem osmanischen Abzug aus Katar unterzeichneten Großbritannien und Katar 1916 einen Vertrag, der den Status quo festschreiben sollte. So wurde Katar zu einem der neun «vereinten Emirate» *(reconciled emirates)* unter britischem Schutz. Die bis heute verwendete Nationalflagge ist ein sichtbares Überbleibsel dieser Epoche: Der senkrechte rote Streifen rechts steht für das Blut,[6] das in den zurückliegenden Kriegen und Auseinandersetzungen vergossen wurde. Der halb so breite weiße Streifen links symbolisiert den neu errungenen Frieden. Beide Flächen werden durch eine Zickzacklinie aus neun Dreiecken getrennt, die Katar als neuntes der «vereinten Emirate» unter britischer Kontrolle ausweisen.

In den 1930er-Jahren brach nach der Erfindung günstig produzierbarer Zuchtperlen in Japan weltweit der Handel mit Naturperlen zusammen. Das hatte für die Einwohner Katars verheerende Folgen, schließlich stellte der Perlenhandel nach wie vor die mit Abstand wichtigste Einkommensquelle dar. Ein großer Teil der Menschen sah sich nun zur Auswanderung gezwungen; Bevölkerung, Wohlstand und Bedeutung Katars schrumpften erheblich und damit auch die Stellung der Al Thani. Doch der Niedergang währte nur kurz, denn bereits 1939 stoppten die ersten Ölfunde den wirtschaftlichen Abschwung, und schon bald wurde die Ölförderung zum neuen Zugpferd der lokalen Wirtschaft. Innerhalb weniger Jahrzehnte machte der Rohstoffreichtum die Bewohner Katars zu den reichsten Bürgern der Welt und das entbehrungsreiche Leben in der Wüste wurde durch klimatisierte Cadillacs um einiges erträglicher. Ähnlich wie in anderen Gebieten der Golfregion hatte die Entdeckung der Bodenschätze in Katar eine weitere Zentralisierung der Macht zur Folge, schließlich kamen die Einnahmen aus Konzessionen und dem Export von Erdöl in der Regel direkt der Herrscherfamilie zugute. Die großzügige Verteilung dieser Einnahmen an die einheimische Bevölkerung trägt auch heute noch maßgeblich zur Machtbasis und Legitimität der Monarchie bei. Potenzielle Rivalen werden am Wohlstand beteiligt und haben somit ein Interesse am Fortbestehen der Al Thani-Herrschaft. Die feudalen Strukturen des stark auf die persönliche Macht der Herrschenden fokussierten Staates werden hier deutlich.

Die stark wachsende Wirtschaft sorgte zwar für Wohlstand und Zufriedenheit in der Bevölkerung, weckte jedoch auch Begehrlichkeiten. In der zweiten Hälfte des 20. Jahrhunderts tobten immer wieder Machtkämpfe innerhalb der Familie: Nachdem 1949 auf Sheikh Abdullah bin Jassim sein Sohn Ali bin

Katars Nationalflagge: Die Zickzacklinie bildet neun weiße Dreiecke, Relikte aus der Zeit, als Katar als neuntes Land zu den britisch kontrollierten Territorien am Golf gehörte.

Abdullah gefolgt war, wurde dieser 1960 von seinem Sohn Ahmad bin Ali entmachtet, dessen Amtszeit wiederum durch einen Putsch seines Vetters Khalifa bin Hamad 1972 beendet wurde. Die Vorherrschaft der Al Thani blieb hingegen von diesen Wirrungen weitestgehend unberührt. Als sich 1971 im Zuge der Entkolonialisierung Großbritannien aus der Golfregion zurückzog, rief Sheikh Ahmad die Unabhängigkeit Katars aus. Damit schlug er das Angebot aus, sich den Vereinigten Arabischen

Emiraten anzuschließen und die Föderation Arabischer Emirate mitzugründen. Fortan ließen sich die Al Thani-Sheikhs «Emir» nennen. Während die Anrede «Sheikh» in der Regel für erfahrene Anführer und als Ehrentitel für Personen fortgeschrittenen Alters verwendet wird, wird der Titel «Emir» ausschließlich für politische Führer gebraucht. Am ehesten ist «Emir» mit den monarchischen Titeln «Fürst» oder «Prinz»[7] zu übersetzen, etwa nach dem Vorbild europäischer Herrscherhäuser wie der Fürstentümer Andorra, Monaco oder Liechtenstein. Die Machtstrukturen eines traditionellen, auf Ausgleich bedachten Stammessystems wurden so von einer monarchischen Herrschaft nach vormodernem westlichem Vorbild abgelöst.

Um in internationalen Belangen mit einer Stimme zu sprechen und um regionale Angelegenheiten zu beraten, gründeten die arabischen Golfstaaten im Jahr 1981 den Golf-Kooperationsrat (Gulf Cooperation Council, kurz GCC). Neben der Regionalmacht Saudi-Arabien und den Vereinigten Arabischen Emiraten gehören Bahrein, Kuwait, Oman und Katar zu den Mitgliedsstaaten. Die Notwendigkeit, zur Erhaltung von Frieden, Sicherheit und Wohlstand in der Region eng zusammenzuarbeiten, zeigte sich bereits wenige Jahre später. Am 2. August 1990 überfiel der Irak unter Saddam Hussein das Staatsgebiet Kuweits. Alle anderen GCC-Mitglieder zeigten sich solidarisch mit Kuweit und engagierten sich in diplomatischen, logistischen oder auch militärischen Initiativen. Hier trat auch der katarische Kronprinz und spätere Emir Hamad als Kommandant einer Brigade in Erscheinung, die sich an amerikanischer Seite an der Bekämpfung irakischer Truppen und somit der Befreiung Kuweits beteiligte. Der an der britischen Kaderschmiede Sandhurst ausgebildete Hamad sammelte so wichtige Erfahrungen und Sympathiepunkte in der Bevölkerung. Beides sollte ihm helfen, am 27. Juni 1995 seinen Vater Khalifa bin Hamad in einem unblutigen Putsch zu stürzen, während dieser einige Tage am Genfer See in der Schweiz verbrachte. Mit der Machtübernahme Hamads begann eine neue Ära für Katar. Mit ambitionierten Zielen, selbstbewusstem Auftreten und unkonventionellen Ideen erreichte er, was zuvor als abwegiges und aussichtsloses Unterfangen gegolten hatte: Es gelang ihm, Katar weltweit bekannt zu machen.

Ein neues Selbstbewusstsein: Emir Hamad

Dass sich Katar trotz seiner geringen Größe und Bedeutung als international anerkannter Ansprechpartner etablieren konnte, liegt insbesondere an der konsequent vorangetriebenen Öffnung des Landes unter Emir Hamad. Sein Ruf als «arabischer Henry Kissinger»,[8] den er durch medienwirksame Vermittlungsinitiativen im Nahen Osten erwarb, stärkte auch die Führungsposition des Emirs innerhalb der Al Thani. Erwähnt sei hier bereits die erfolgreiche Vermittlung im Libanon 2008. Während seiner Regierungszeit wird deutlich, wie stark die Politik Katars von der Persönlichkeit und den persönlichen Vorstellungen des Herrschers geprägt wird. Zwar gehen einige markante außenpolitische Aktivitäten bereits auf den vorherigen Emir Khalifa zurück, der sich beispielsweise schon 1992 um Vermittlung im israelisch-arabischen Konflikt bemüht hatte. Doch die Intensität der politischen Initiativen und das dabei vorgelegte Tempo der neuen Regierung sorgten bald für eine erstaunliche Sonderstellung Katars in der Golfregion: Während die anderen kleinen Golfmonarchien ihre Außenpolitik im Rahmen des Golf-Kooperationsrats an Saudi-Arabien anpassten, wagte sich Emir Hamad mit eigenen Initiativen aus dem Windschatten des übermächtigen Nachbarn. Statt nach Riad schweifte der Blick des Emirs immer häufiger nach Washington oder London. Liberale innenpolitische Reformen wie die Ankündigung weitreichender Demokratisierung stellten zudem streng konservative gesellschaftliche Normen der ganzen Region infrage.

Das Jahr 1996 stellt in dieser Entwicklung eine frühe und besonders wichtige Wegmarke dar: Am 1. November 1996 ging in Doha der Fernsehkanal al-Jazeera[9] auf Sendung. Al-Jazeera entwickelte sich innerhalb kurzer Zeit zum bedeutendsten arabischsprachigen Sender weltweit und gewann schnell auch über die arabische Welt hinaus einen guten Ruf. Während in anderen Ländern des Mittleren Ostens staatliche Nachrichtenkanäle bis heute lediglich Haus- und Hofberichterstatter der jeweiligen Regime sind, zeigte al-Jazeera investigative Reportagen, brisante Informationen und kritische Kommentare. Der kalkulierte Tabubruch wurde von massiven Investitionen in den Aufbau eines weltweiten Korrespondentennetzes flankiert, sodass der Sender nicht nur durch Skandale auf sich aufmerksam machen, sondern auch mit journalistischer Qualität überzeugen konnte. Zwar verbat sich die katarische Regierung negative Berichterstattung über die Herrscherfamilie und – als Zeichen der Solidarität und der Kompromissbereitschaft an die Nachbarstaaten – auch über die anderen Herrscherfamilien der Golfregion. Ansonsten war es der Redaktion aber freigestellt, auch heikle Themen zu behandeln und unterschiedlichste Stimmen zu Wort kommen zu lassen. So war al-Jazeera zeitweise das bevorzugte Sprachrohr für die Terrororganisation al-Qaida und zur gleichen Zeit der einzige arabischsprachige Sender, der ausgiebig über israelische Positionen berichtete.

Durch zahlreiche offizielle Reisen in Krisengebiete sowie Angebote, als Vermittler zwischen Konfliktparteien aktiv zu werden, produzierte auch der umtriebige Emir selbst zahlreiche Meldungen, die über al-Jazeera hinaus für Aufmerksamkeit sorgten. Im Zentrum katarischer Initiativen stand zunächst der Nahost-Konflikt, mit dem sich bereits Khalifa beschäftigt hatte. Doch wagte Hamad 1996 einen unerwarteten Schritt und suchte erstmals den direkten Austausch mit der israelischen Regierung. In der Folge wurde in Doha ein israelisches Handelsbüro eröffnet, was als Vorstufe zur Anerkennung des Staates Israel gewertet wurde.[10] Gleichzeitig startete die katarische Regierung intensive Gespräche mit Vertretern der umstrittenen Palästinenserorganisation Hamas und der libanesischen Hisbollah («Partei Gottes»). In Europa und Nordamerika wurden die neuen Gesprächspartner Katars mit großer Sorge betrachtet, schließlich standen ab 1997 Hisbollah und Hamas auf der Terrorliste des US-amerikanischen Außenministeriums. Aber auch die arabischen Regierungen reagierten prompt auf das katarische Ausscheren aus dem regionalen Konsens: So boykottierte Bahrein das jährliche Treffen des Golf-Kooperationsrates, das im Dezember 1996 in Doha stattfand. Im Rahmen dieser Sitzung wurde erstmals die neue katarische Nationalhymne öffentlich aufgeführt, die Emir Hamad anlässlich seiner Machtübernahme hatte komponieren lassen – ein weiteres Symbol für seinen uneingeschränkten Machtanspruch.

Allerdings war es im Frühjahr desselben Jahres zu einem Entmachtungsversuch gekommen: Ein Cousin des Emirs, Hamad bin Jassim bin Hamad Al Thani, soll versucht haben, die Macht zu ergreifen. Der gescheiterte Putschversuch – die mutmaßlichen Drahtzieher wurden zu lebenslangen Gefängnisstrafen verurteilt – wird in einem Artikel der *New York Times* als Gemeinschaftsprojekt Saudi-Arabiens und der Vereinigten Arabischen Emirate dargestellt, wobei zumindest die Vereinigten Arabischen Emirate eine Beteiligung bis zuletzt abstritten. Insgesamt ist die Informationslage sehr dünn und geht vor allem auf die Berichterstattung von al-Jazeera zurück, was die Rekonstruktion des Geschehens schwierig macht.

Die turbulenten Ereignisse während der ersten Jahre seiner Regierungszeit als Emir überstand Hamad nicht nur aufgrund seines Charismas und seiner Entschlossenheit, sondern insbesondere dank des großen Rückhalts, den er von anderen mächtigen Mitgliedern der Al Thani erfuhr und der ihn gegen die Entmachtungsversuche entschieden stärkte. So stand Hamad bin Jassim bin Jabr Al Thani,[11] ein weiterer Cousin und enger Vertrauter Hamads, dem Emir zuverlässig zur Seite. Er hatte schon vor dem Staatsstreich 1995 das Amt des Außenministers inne, unterstützte jedoch den Coup Hamads gegen seinen Vater und wurde so 1995 zum zweitmächtigsten Mann im Emirat. Er blieb Außenminister und gestaltete maßgeblich die selbstbewusste Diplomatie des Landes. 2007 wurde er zudem Premierminister und stand bis 2013 auch der Regierung vor, dem sogenannten Diwan des Emirs.

Seine diplomatischen Fähigkeiten und seine persönlichen internationalen Kontakte machten Hamad bin Jassim auch in anderen Bereichen zu einer der mächtigsten Personen des Landes. Neben seinen Regierungsaufgaben leitete er jahrelang als Vorstandsvorsitzender den nationalen Investmentfonds des Landes, die Qatar Investment Authority. Der 2005 gegründete Staatsfonds verfolgt das Ziel, die durch Rohstoffexporte erwirtschafteten Haushaltsüberschüsse weltweit zu investieren und so das Staatsvermögen durch Beteiligungen an internationalen Wirtschaftsunternehmen zu diversifizieren.

Auch als Privatperson ist Hamad bin Jassim nach wie vor eine zentrale Figur im wirtschaftlichen Leben Katars. So soll seine engste Familie an fast der Hälfte aller an der Börse in Doha gehandelten Unternehmen beteiligt sein. Emir Hamad selbst soll über seinen Cousin gesagt haben: «Ich mag dieses Land regieren, aber ihm gehört es.»

An dieser Stelle muss auch der Name der Frau genannt werden, die als zweite Ehefrau von Emir Hamad das Land entschieden mitprägte: Sheikha Mozah bint Nasser al-Missned. Zwar gaben ihre glamourösen Auftritte an der Seite ihres Mannes dem modernen Katar international ein Gesicht, aber ihre Rolle beschränkte sich keineswegs nur auf Repräsentation. Als angeheiratetes Familienmitglied trug sie dazu bei, die Machtbasis der Al Thani zu konsolidieren, und überwachte vor allem die Umsetzung innenpolitischer Reformen. Besonders groß war ihr Einfluss auf die Bildungspolitik des Landes, an deren Reform sie maßgeblich beteiligt war. Über ihren Einfluss auf die politischen Positionen ihres Mannes in anderen Politikfeldern können nur Mutmaßungen angestellt werden. Dies gilt auch für ihre Rolle seit der Thronbesteigung ihres Sohnes Tamim 2013.

2003 wurde per Referendum (98,4 Prozent Zustimmung) die erste dauerhafte Verfassung des Landes seit der Staatsgründung 1971 ratifiziert. Danach ist der Emir Staatsoberhaupt und zugleich oberster Inhaber der exekutiven und gesetzgebenden Gewalt. Die Regierung, der Diwan, ist allein dem Herrscher verantwortlich. Da die Geschichte des Landes von Beduinen-Stämmen geprägt wurde, muss der Emir allerdings – zumindest bei wichtigen innenpolitischen Fragen – einen informellen Konsens mit den anderen traditionsreichen Familien herstellen. Dies ist nicht zuletzt notwendig, um die Dominanz der Al Thani nachhaltig abzusichern. Ein solcher Ausgleich wird beispielsweise hergestellt, indem Mitglieder mächtiger Familien wie der Al Attiyah an der Regierung des Emirs beteiligt werden. Auch geht die Praxis, Nachkommen beider Familien miteinander zu verheiraten, um Wohlstand und Einfluss gemeinsam zu mehren, auf eine lange Tradition zurück. So stammte die Mutter des Va-

Emir Hamad bin Khalifa Al Thani (sitzend) und Premierminister Hamad bin Jassim bin Jabr Al Thani, Cousin und Vertrauter des Emirs, im Juni 2010 bei einem Treffen arabischer Staaten im libyschen Tripolis

ter-Emirs ebenfalls Hamad bin Khalifa aus dem Attiyah-Stamm. Als Beispiel für die enge Einbindung der Familie in die katarische Politik kann Abdullah bin Hamad Al Attiyah angeführt werden, der während der Regierungszeit Hamads als äußerst einflussreicher Mann galt. Der langjährige Freund und Vertraute des damaligen Emirs diente rund zwei Jahrzehnte in Hamads Kabinett, als Energieminister und später als Stellvertreter des Premierministers. Aus seiner Familie stammt auch Abdulrahman bin Hamad Al Attiyah, der als Diplomat für sein Land an zahlreichen wichtigen Entscheidungen beteiligt war und zudem 2002 Generalsekretär des Golf-Kooperationsrats wurde. Aufgrund des lange gewachsenen Vertrauens bekleiden Vertreter der Al Attiyah regelmäßig Positionen in besonders sicherheits- und machtrelevanten Ressorts wie Verteidigung oder innere Sicherheit. Der derzeitige Verteidigungsminister Khalid bin

Emir Hamad bin Khalifa Al Thani und seine zweite Frau Sheikha Mozah bint Nasser al-Missned: Das Paar trifft am 1. Dezember 2010 im FIFA-Hauptquartier in Zürich ein, um für Katar als Austragungsort der Fußball-WM 2022 zu werben.

Mohammed Al Attiyah repäsentiert die Familie in der aktuellen Regierung und führt damit die Tradition fort.

Neben den Al Attiyah gibt es noch eine Reihe anderer wichtiger Familien im Land, deren historisch begründete Stellung – etwa als früherer Herrscher eines Teilstücks der katarischen Halbinsel – auch im heutigen Staat abgebildet wird. Neben Regierungsposten wird der Wohlstand ebenso entsprechend verteilt. So hat sich beispielsweise die Familie al-Mohannadi, die den Küstenstreifen um al-Khor zuerst besiedelt und lange beherrscht hatte, zu einem Wirtschaftsimperium entwickelt, das heute weite Teile des katarischen Geschäftslebens prägt. Einen Ausgleich der Interessen mächtiger Familien im Land herzustellen und zu erhalten ist somit weiterhin ein zentraler Bestandteil der Regierungsarbeit des Emirs.

Wachsende Herausforderungen

In zahlreichen arabischen Staaten wurden im Laufe des sogenannten «Arabischen Frühlings» große innenpolitische Spannungen sichtbar. Der Ruf nach Reformen äußerte sich in Protes-
ten, die in manchen Staaten wie Tunesien oder Ägypten die
Form einer offenen Revolution annahmen und zu einem Regimewechsel führten. Auch in den Golfstaaten zeigten sich entsprechende Entwicklungen: So kam es insbesondere in Bahrein
zu Auseinandersetzungen zwischen Teilen der Bevölkerung
und der Regierung. In Katar blieb es dagegen auffallend ruhig,
was vor allem der guten wirtschaftlichen Lage im Land zu verdanken war. Dennoch wurden während der letzten Regierungs-
jahre Hamads auch hier die kritischen Stimmen lauter: Während die international aufmerksam verfolgte Außenpolitik vor
allem als persönliches Projekt des Emirs und seines Cousins
Hamad bin Jassim galt, sorgten sich große Teile der Herrscherfamilie in erster Linie um die langfristige Sicherung des im-
mensen Wohlstands. Die nur selten renditeträchtigen Investitionen großer Summen in außenpolitische Experimente wurden
entsprechend mit Argwohn verfolgt. Auch die gravierende Ver-
schlechterung des Nachbarschaftsverhältnisses zu Saudi-Arabien und die Umorientierung hin zu Partnerschaften mit westlichen Staaten riefen zunehmend Skeptiker auf den Plan, die ein
gemäßigteres Tempo bei der Modernisierung Katars forderten.

Seit dem Jahr 2010 wurden die Brüche innerhalb von Gesellschaft und Herrscherfamilie immer deutlicher. Während der loyale Kern um den Emir weiterhin an internationalen Referenzen
festhalten und die mit Nachdruck betriebene Modernisierung
des Landes unbeirrt fortsetzen wollte, sahen konservative Fami-
lienmitglieder in der Politik des Emirs einen Vorwand, um im

Namen des Fortschritts Traditionen der Stammesgesellschaft zu umgehen. So wurden durch die progressive Politik nicht nur weit verbreitete Moralvorstellungen immer wieder herausgefordert, sondern auch traditionelle, konsensbasierte Konfliktlösungsinstrumente zugunsten zentralisierter Entscheidungsstrukturen aufgegeben. Auch die Person des Premier- und Außenministers stand – wenn auch oft hinter vorgehaltener Hand – zunehmend in der Kritik. Ihm wurde vor allem die Vermischung von privaten und staatlichen Angelegenheiten vorgeworfen. In dieser Phase des sich abzeichnenden Vertrauensverlustes zeigte sich, dass die starke Konzentration der (Gestaltungs-) Macht auf den Emir auch eine Schwächung der staatlichen Institutionen mit sich bringt: Die Stabilität der Monarchie und die Regierungsfähigkeit des Regimes hängen maßgeblich vom Rückhalt des Emirs in der Bevölkerung und insbesondere innerhalb der Herrscherfamilie ab.

In diesem fragilen Kontext trat Hamad 2013 ab und legte die Geschicke des Landes in die Hände seines Sohnes Tamim. Der damals erst 33 Jahre alte Nachfolger steht grundsätzlich für die Fortsetzung der liberalen Politik seines Vaters. So hatte er sich schon als Kronprinz um zahlreiche bedeutende Projekte des Landes gekümmert, etwa um die letztlich erfolgreiche Bewerbung als Austragungsort für die Fußballweltmeisterschaft 2022. Gleichzeitig gilt er jedoch als traditionsbewusst und setzte bereits kurz nach Amtsantritt ein politisches Zeichen, indem er Arabisch wieder zur verpflichtenden ersten Unterrichtssprache in den Schulen machte. Diese Reform von symbolischer Tragweite brach mit den westlichen Modernisierungsvorstellungen der Regierung seines Vaters und insbesondere mit den Zielvorgaben seiner Mutter Sheikha Mozah, die stark auf eine Internationalisierung des gesamten Bildungssystems hingearbeitet hatte. Doch richtete Tamim seine Aufmerksamkeit vor allem auf den weiteren Ausbau des Wohlfahrtsstaates, um sich zunächst seines Rückhaltes in der Bevölkerung zu versichern. In der Außenpolitik wählte der neue Herrscher anfangs eher leisere Töne: Zwar führte er im Wesentlichen die vielfältigen diplomatischen Kontakte der Vorgängerregierung fort, legte jedoch den Akzent zunehmend auf innenpolitische und wirtschaftliche Themen.

Doch was besorgte konservative Stimmen im Land beruhigte, nährte andererseits auch Zweifel an den Führungsqualitäten Tamims: Verfügte er über das persönliche Format, um aus dem Schatten seines charismatischen Vaters herauszutreten und sich mit eigenen Initiativen und einem eigenen Regierungsstil Respekt und Anerkennung im Land zu erwerben? Seine Feuertaufe als neue Führungsfigur der Al Thani ließ nicht lange auf sich warten: Am 5. Juni 2017 setzten Saudi-Arabien, Ägypten, Bahrein sowie die Vereinigten Arabischen Emirate ihre diplomatischen Beziehungen zu Katar aus und schlossen ihre Grenzen. Begründet wurde dieses Vorgehen vor allem mit der katarischen Unterstützung der Muslimbrüder und anderer islamistischer Organisationen sowie einer unerwünschten Berichterstattung auf al-Jazeera. Die von Saudi-Arabien und seinen Mitstreitern formulierten Bedingungen für die Aufhebung der Blockade, die bis zur Schließung des Senders al-Jazeera reichten, griffen Themen auf, die bereits in früheren Jahren zu diplomatischen Verwerfungen zwischen Katar und den anderen arabischen Golfstaaten geführt hatten.

Die weitgehende Abriegelung des Landes hatte Versorgungsengpässe und Verunsicherung auf den Straßen von Doha zur Folge. Doch Tamim und seine Regierung reagierten besonnen, wiesen die Forderungen Saudi-Arabiens zurück, suchten die Nähe zu starken internationalen Partnern und etablierten schnell und effektiv alternative Versorgungswege. Bereits kurz nach Beginn des Boykotts konnte beispielsweise durch den raschen Import von Kühen der Aufbau einer eigenen Milchproduktion in klimatisierten Ställen sichergestellt werden. Es gelang Emir Tamim, eine langwierige und potentiell schwerwiegende Wirtschaftskrise abzuwenden, ohne übereilt Zugeständnisse zu machen und die Eigenständigkeit Katars preiszugeben. Auf diese Weise gewann er zunehmend das Vertrauen der katarischen Bevölkerung in ihn als Anführer der Familie Al Thani und der Nation Katar. Gleichzeitig verzichtete er auf unnötige weitere außenpolitische Provokationen und zeigte sich umsichtig im Umgang mit den feindseligen Nachbarstaaten. Das Nationalbewusstsein der katarischen Bevölkerung entwickelte sich mit diesen Ereignissen sprunghaft und führte zu einer noch engeren Verbindung zwischen Staat und Emir. Nicht zuletzt dank der krisenerprobten Führungskompetenzen Tamims gilt heute mehr als je zuvor: Katar ist Al Thani und Al Thani ist Katar.

3.
Im Inneren des Emirats

Absolutismus im demokratischen Gewand

Katar ist ein Emirat, was mit dem deutschen Wort «Fürstentum» übersetzt werden kann. An der Spitze des Staates steht der Emir («Fürst» oder «Prinz»), der als Staatsoberhaupt sowohl die ausführende als auch die gesetzgebende Gewalt ausübt. Obwohl der 2003 per Referendum angenommene Verfassungstext das politische System als demokratisch bezeichnet, handelt es sich um eine absolute (Erb-) Monarchie mit faktisch uneingeschränkter Macht des Herrschers. Der Emir ernennt und entlässt die Regierung beziehungsweise den Ministerrat, der Premierminister sowie dessen Stellvertreter werden von ihm selbst bestimmt. Zwar gilt in der Verfassung das Volk als Quelle der Staatsgewalt, doch gibt es bis heute weder Parlament noch politische Parteien. Lediglich die beratende Versammlung (der Schura-Rat) wird zu zwei Dritteln vom Volk gewählt. Die Schura-Wahlen fanden erstmals im Oktober 2021 statt, zuvor wurden alle Mitglieder der Versammlung vom Emir ernannt. Unter den aktuell 45 Mitgliedern der Versammlung befinden sich zwei Frauen, die vom Emir direkt ausgewählt wurden. Die Wahlbeteiligung lag nach offiziellen Angaben bei 63,5 Prozent. Die nächsten Wahlen finden planmäßig 2025 statt. Beobachter heben zwar lobend hervor, dass Katar nun als fünfte Golfmonarchie über eine Volksvertretung verfüge, verweisen jedoch gleichzeitig auf die großen Einschränkungen bei demokratischen Verfahren, etwa bei der Aufstellung geeigneter Kandidaten. Das aktive Wahlrecht steht derzeit nur Staatsbürgern mit katarischer Abstammung offen. Dazu zählen aktuell nur Nachfahren von Personen, die bereits vor 1930 als Katarer registriert waren. Eingebürgerte Katarer sind generell ausgeschlossen.

Grundsätzlich ist der Schura-Rat in seiner Arbeitsweise eher mit traditionellen Formen der Stammesversammlung als mit westlichen Parlamenten zu vergleichen. Ziel ist es, bei wichtigen Entscheidungen, welche die mächtigen Stämme und Familien des Landes betreffen, einen Konsens zu finden. Immer wieder muss sich der Emir der Unterstützung bedeutender Interessengruppen versichern. Obwohl die gesetzgebende Gewalt laut Verfassung beim Schura-Rat liegt, gehört die Einbringung neuer Gesetzesinitiativen oder die Überwachung der Regierung nicht zu den vordringlichen Aufgaben der Versammlung. Neue Gesetze werden nach wie vor ausschließlich vom Ministerrat vorgeschlagen, der wiederum allein dem Emir verantwortlich ist. Verfassungsänderungen können vom Emir oder von einem Drittel der Mitglieder des Schura-Rates eingebracht werden, benötigen für eine erfolgreiche Umsetzung jedoch neben einer Zweidrittelmehrheit der Versammlung die explizite Zustimmung und einen entsprechenden Erlass des Emirs. Verfassungsartikel, die den erblichen Charakter der Monarchie und die Machtfülle des Emirs betreffen, können nicht abgeändert werden. Entsprechend bestehen an der Wirksamkeit der demokratischen Reformen weiterhin große Zweifel. So wurden Maßnahmen wie die Einführung des Frauenwahlrechts bei kommunalen Wahlen (Gemeinderat) im Jahr 2003 oder bei den Wahlen der örtlichen Industrie- und Handelskammern teilweise kritisch kommentiert, da sie in erster Linie auf einen internationalen Imagegewinn und weniger auf eine echte demokratische Beteiligung abzielen. Bei den Wahlen des Gemeinderats von Doha soll beispielsweise von Regierungsseite großer Druck ausgeübt worden sein, um weibliche Kandidaten erfolgreich zu platzieren. Gegenkandidaten sollen in den entsprechenden Wahlkreisen nicht zugelassen worden sein.

Die Zweifel an einer effektiven Demokratisierung des Landes nach westlicher Vorstellung werden ferner durch das Rechtssystem verstärkt, das zwar analog zu großen Industriestaaten über etablierte Instanzen und Institutionen verfügt, aber weiterhin vom Emir kontrolliert wird. Wie in zahlreichen anderen arabischen Staaten existieren nebeneinander westlich geprägtes Zivilrecht (beeinflusst insbesondere vom französischen Code Napoléon) und Islamisches Recht.[12] Die staatlichen Gerichte des Landes urteilen *im Namen des Emirs*, an der Spitze des Systems stehen der Oberste Gerichtshof und das Oberste Verfassungsgericht. Die jeweiligen Vorsitzenden und alle weiteren Richter werden für eine verlängerbare Amtszeit von drei Jahren vom sogenannten Obersten Rechtsrat des Landes ausgewählt, dessen neun Mitglieder sämtlich vom Emir bestimmt werden. So überrascht es kaum, dass Katar in wichtigen Indices zur Erfassung demokratischer Prozesse und Strukturen keine besonders guten Platzierungen erhält: Im Demokratieindex der Zeitschrift *The Economist* lag Katar 2020 auf Platz 128 von 167 und lässt sich damit eindeutig der Gruppe «autoritäre Systeme» zuordnen. Auf der Freiheitsskala der US-amerikanischen Nichtregierungsorganisation Freedom House, die von 1 für «höchste Freiheit» bis 7 für «geringste Freiheit» reicht, erhielt Katar, was politische und persönliche Rechte angeht, Werte von 5 bis 6. Damit schätzt Freedom House das Land als grundsätzlich unfrei ein. Internationale Organisationen wie Human Rights Watch oder Amnesty International beobachten und dokumentieren die Verletzung der Freiheitsrechte. Vor allem Gastarbeiter werden laut Amnesty International oftmals diskriminiert oder unterdrückt. Trotzdem zählt Katar nach dem «Index der menschlichen Entwicklung» zu den Ländern der höchsten Auswertungsgruppe und belegte 2020 den 45. von 189 Plätzen. Damit liegt es in etwa auf dem Niveau von Staaten wie Kroatien oder Argentinien, wobei persönliche Freiheiten und die Situation der Bewohner ohne Staatsbürgerschaft bei dieser Berechnung keine Rolle spielen.

Staatsbürgerschaft und Bevölkerung

Katars Bevölkerung hat in den vergangenen Jahrzehnten in einem atemberaubenden Tempo zugenommen. Weltweit nimmt ihre Wachstumsrate einen der vorderen Plätze ein. Neben einer vergleichsweise hohen Geburtenrate sorgte vor allem die massive Anwerbung von Gastarbeitern für eine Explosion der Einwohnerzahlen. Während 1950 noch rund 50000 Menschen die kleine Halbinsel bevölkerten, stieg diese Zahl bis 2019 auf 2,8 Millionen. Davon besitzen jedoch nur etwa 10 Prozent die katarische Staatsbürgerschaft, alle anderen Bewohner zählen zur Gruppe der Gastarbeiter. So ist zwar die Amtssprache Arabisch, doch neben den Handelssprachen Farsi und Englisch werden im Land vor allem Urdu und weitere indoarische Sprachen gesprochen, da ein Drittel der Gastarbeiter aus Indien oder Pakistan stammt und nur etwa 7 Prozent arabischsprachig sind. Eine gesellschaftliche Vermischung findet nur in Ausnahmefällen statt.

Die Möglichkeiten zur Einbürgerung sind stark begrenzt und setzen einen Aufenthalt in Katar von mindestens zwanzig Jahren (fünfzehn Jahre für manche arabische Nationalitäten) voraus. Fast alle Arbeiter müssen bereits viel früher das Land wieder verlassen. Das gilt ebenso für Führungskräfte aus den westlichen Industriestaaten, die ihre Familien zwar in der Regel mitbringen dürfen, aber dennoch über keine langfristige Bleibeperspektive verfügen. Eine doppelte Staatsbürgerschaft ist zudem ausgeschlossen, was die Einbürgerung für viele zusätzlich unattraktiv macht. Selbst in Katar geborene Kinder erhalten keinen katarischen Pass, wenn der Vater des Kindes kein Staatsbürger ist, was eine Integration der Zugezogenen nachhaltig verhindert. Wie in anderen Golfmonarchien auch versucht die katarische Staatsführung auf diese Weise, den Einfluss und die Gestaltungsmacht der einheimischen Minderheit zu sichern und die arabische Identität des Landes angesichts einer zugezogenen Bevölkerungsmehrheit aufrechtzuerhalten. Außerdem vergrößert jeder zusätzliche Staatsbürger die Zahl derjenigen, die Anspruch auf einen Teil des endlichen Rohstoffreichtums des Landes haben.

Mit dem katarischen Pass sind außerdem zahlreiche für den Staat teure Privilegien verknüpft. So steht nur Staatsbürgern das Aufenthaltsrecht zu, ebenso das Recht auf einen Arbeitsplatz und der Zugang zum sozialen Sicherungssystem. Hilfsbedürftige werden durch monatliche Bezüge vom wohlhabenden Staat unterstützt und die medizinische Versorgung ist für Katarer grundsätzlich kostenlos. Während das Wahlrecht angesichts der oben beschriebenen monarchischen Entscheidungsstrukturen kaum Bedeutung hat, ist der Zugang zum Sozialsystem somit ein wichtiger Punkt der Differenzierung zwischen Bewohnern mit und ohne katarischen Pass.

Wegen der großen Zahl an Gastarbeitern im Land ergeben sich für die katarische Gesellschaft einige statistische Besonderheiten: Aufgrund der Tatsache, dass die Arbeitskraft vor allem in Doha und anderen Wirtschaftszentren benötigt wird, lebten 2016 99,2 Prozent der Bevölkerung in Städten. Da zudem eine überwältigende Mehrheit der Arbeiter aus dem Ausland männlich ist, weist Katar das am wenigsten ausgeglichene Geschlechterverhältnis der Welt auf: 2016 kamen auf jede Frau 3,4 Männer. Der Grund dafür ist, dass die überwiegend männlichen Arbeiter zumeist nur für wenige Jahre im Land bleiben dürfen und ihre Familien für diese Zeit in ihren Heimatländern zurücklassen und über Geldüberweisungen versorgen müssen. Dies macht auch die Statistik deutlich, die für die Altersgruppe von 25 bis 54 einen noch höheren Männerüberhang und außerhalb des arbeitsfähigen Alters ein fast ausgeglichenes Geschlechterverhältnis feststellt. Bei der Geburt und im Kindesalter liegt die Quote noch bei 1,02 Männern pro Frau.

Ebenfalls aufgrund der hohen Zahl an Gastarbeitern im Land ergibt sich das Bild einer sehr jungen Gesellschaft. Weil insbesondere auf den Baustellen und in anderen körperlich stark belastenden Sektoren leistungsfähige Personen benötigt werden, sind 70 Prozent der Bevölkerung zwischen 25 und 54 Jahre alt. Die hohe Geburtenrate bringt es mit sich, dass auch die statistischen Gruppen von 0 bis 14 Jahren und von 15 bis 24 Jahren mit jeweils über 12 Prozent gut vertreten sind, während nur rund 1 Prozent der Bevölkerung über 65 Jahre alt ist. Aus dieser für Industrienationen ungewöhnlichen Verteilung ergibt sich ein junges Durchschnittsalter von 33,4 Jahren im Jahr 2018. In Deutschland liegt die Zahl rund zehn Jahre höher. Die Lebenserwartung der Katarer liegt mit 79 Jahren hingegen fast gleichauf mit Deutschland (80 Jahre). Das junge Durchschnittsalter sowie die vergleichsweise gute Ausstattung des katarischen Gesundheitswesens können auch erklären, weshalb während der Corona-Pandemie trotz teilweise extrem hoher Infektionszahlen – im Juli 2020 lag Katar zusammen mit Bahrein weltweit auf dem unrühmlichen ersten Platz – die Todesrate in Katar niedrig blieb. Aufgrund der schwierigen Lebensumstände waren vor allem Gastarbeiter zunächst schutzlos der Ausbreitung des Virus ausgeliefert.

Da die allermeisten Gastarbeiter keine Bleibeperspektive haben und nach wenigen Jahren in ihr Heimatland zurückkehren müssen, besteht allgemein eine Teilung der Gesellschaft zwischen der arabisch-einheimischen Bevölkerung und den temporär zugezogenen Einwohnern. Dies spiegelt sich auch im Bildungssystem des Landes wider: In den katarischen Regelschulen ist der Unterricht bis zum Abschluss kostenlos, englischsprachige Privatschulen sind jedoch mit teilweise sehr hohen Kosten verbunden und stellen im Budget vieler westlicher Gastarbeiterfamilien zusammen mit der monatlichen Miete den größten Posten dar. Im Hochschulbereich setzt sich die Trennung fort und so finden sich seit 2002 neben der 1973 gegründeten Qatar University auch die Zweigstellen international renommierter Universitäten aus den Vereinigten Staaten, die gleichermaßen von Katarern und internationalen Studierenden (44 Prozent im Jahr 2018) besucht werden. Das Angebot richtet sich dabei insbesondere an arabischsprachige Studierende, die in ihren Heimatländern kein sicheres Umfeld für ein Studium vorfinden oder die katarischen Einrichtungen aufgrund der höheren Ausbildungsqualität bevorzugen. Auch die Qatar University folgt in ihren Strukturen anglo-amerikanischen Vorbildern und ist in Colleges organisiert. Dabei verbindet sie das Studium regional spezifischer Fächer wie Islamische Studien oder Islamisches Recht mit westlichem Rechtswesen oder Sozialwissenschaften. Die Unterrichtssprachen sind Arabisch und Englisch. Mit 15 000 Studierenden hat die Qatar University zwischenzeitlich mittlere deutsche Universitäten wie Bayreuth, Bamberg oder Lüneburg überholt.

Freiheit mit Ausnahmen: Medien und Zensur

Katar ist die Heimat von al-Jazeera, des derzeit wichtigsten arabischsprachigen Fernsehsenders. Der Name des Senders bedeutet «die Insel» oder auch «die Halbinsel» und bezieht sich auf die geografische Lage Katars, kann aber ebenfalls als Hinweis auf die gesamte Arabische Halbinsel verstanden werden. Seit seiner Gründung im Jahr 1996 berichtete al-Jazeera – im Gegensatz zur arabischsprachigen Konkurrenz – hochaktuell, informativ und weitestgehend unabhängig, weshalb Katar in puncto Medienfreiheit als Vorreiter in der arabischen Welt galt. Das Korrespondentennetz ist in der Region des Mittleren Ostens nach wie vor ohne echte Konkurrenz. Zu Beginn war lediglich direkte Kritik an der Herrscherfamilie untersagt. Nach offiziellen Angaben gibt es im Land sowieso keine vorbeugende Zensur durch staatliche Institutionen. Allerdings wurde die journalistische Unabhängigkeit immer wieder infrage gestellt und al-Jazeera zunehmend gezielt für außenpolitische Belange eingesetzt. So berichtete der Sender ausgiebig über die Ereignisse des «Arabischen Frühlings» in Ägypten und Syrien, wo Katar die Opposition unterstützte. Gleichzeitig wurden die Aufstände im Nachbarland Bahrein zugunsten der regionalen Stabilität heruntergespielt und Katar beteiligte sich als Mitglied des Golf-Kooperationsrats sogar an der Niederschlagung der Proteste.

Grundsätzlich werden Übertragungslizenzen für Funk und Fernsehen staatlich vergeben und überwacht, in Doha können jedoch zahlreiche lokale und internationale Radiostationen empfangen werden und auch internationale Fernsehsender sind weitgehend uneingeschränkt verfügbar. Printmedien aus der ganzen Welt sind erhältlich und die englischsprachigen regionalen Zeitungen wie *The Peninsula, Qatar Tribune* oder *Kahleej Times* (aus Dubai) berichten immer wieder kritisch über die Lage in Katar, insbesondere im Hinblick auf die Lebensumstände der Gastarbeiter. Pornographische und «anstößige» Inhalte unterliegen jedoch einem generellen Verbot. So wurde die internationale Printausgabe der *New York Times* in mindestens zwei Fällen zensiert, als Fotos aus der LGBTIQ+ Community abgebildet waren. Die Zensur gilt auch für den Aufruf von entsprechenden Internetseiten, die durch den Telekommunikationsmonopolisten Ooredoo (bis 2013 Qatar Telecom) ebenso gesperrt werden wie die Nutzung mancher Messenger-Dienste. Der beliebte Internet-Telefonie-Dienst Skype ist beispielsweise jedoch ohne Einschränkungen nutzbar.

Was die Pressefreiheit anbelangt, so lag Katar der Nichtregierungsorganisation Reporter ohne Grenzen zufolge im Jahr 2019 auf Platz 128 von 180 bewerteten Ländern. Der rechtliche Rahmen wurde seit 1979 nicht reformiert und erlaubt der Regierung jederzeit Verbote und Zensur. Institutionen zum Schutz und zur Unterstützung von Journalisten fehlen völlig. Trotzdem schneidet Katar hier deutlich besser ab als die meisten anderen Golfstaaten. Während Kuweit im regionalen Vergleich mit Platz 108 der internationalen Rangliste führt, liegen die anderen Staaten des Golf-Kooperationsrats zum Teil noch deutlich hinter Katar, etwa Bahrain (Platz 167) oder Saudi-Arabien (Platz 172). Insbesondere aus Saudi-Arabien sind zahlreiche Fälle von Inhaftierungen unliebsamer Journalisten dokumentiert, in Katar dagegen scheint derzeit kein Journalist inhaftiert zu sein. Im November 2021 wurden allerdings zwei norwegische Journalisten für 36 Stunden festgehalten, weil sie bei Dreharbeiten unerlaubt privaten Grund betreten und ohne Genehmigung gefilmt haben sollen.

Das Ringen zwischen Liberalismus und Wahhabismus

In Katar ist der sunnitische Islam Staatsreligion und die meisten Staatsbürger sind Sunniten. Unter den zahlreichen Gastarbeitern gibt es zudem viele schiitische Muslime sowie Hindus, ferner sind gut 70 000 Einwohner christlichen oder jüdischen Glaubens. Statistisch gesehen stellen somit Muslime etwa zwei Drittel der Bevölkerung, Hindus und Christen jeweils rund 14 Prozent. Der Anteil der Buddhisten lag 2010 bei nur geschätzt 3 Prozent, derjenige anderer Religionen bei unter 1 Prozent. Derzeit finden sich in Doha rund zehn christliche Kirchengebäude. Die Errichtung einer katholischen Kirche, Teil des apostolischen Vikariats Nördliches Arabien, wurde seinerzeit prominent vom Emir unterstützt. Ihre Eröffnung fand – ausnahmsweise ohne großen Medienrummel – 2008 statt. Die anglikanische Kirche in Katar ist der anglikanischen Diözese für Zypern und den Golf zugeordnet. Trotz der großen Zahl von Hindus gibt es derzeit offiziell keinen hinduistischen Tempel in Katar.

Die überwiegende Mehrheit der einheimischen Muslime hängt – wie im Nachbarland Saudi-Arabien – der konservativ-orthodoxen Tradition des sogenannten Wahhabismus an. Diese geht auf Mohamed ibn Abd al-Wahhab zurück, einen Imam, der mit der Familie Al Saud kooperierte und die Staatsgründung Saudi-Arabiens 1932 theologisch flankierte. Die meisten wissenschaftlichen Quellen ordnen den Wahhabismus der Hanbaliyya zu, einer der vier etablierten sunnitischen Rechtsschulen. Kernpunkt dieser Lehre ist der konsequente Monotheismus, der sich gegen jegliche Heiligenverehrung und insbesondere gegen die Anbetung des Propheten Mohammed richtet, dessen Grabstätte in Medina (Saudi-Arabien) aus diesem Grund von der saudischen Regierung 2014 zerstört wurde. Zudem steht der Wahhabismus für eine strenge Befolgung der religiösen Pflichten und eine entsprechend konservativ-religiöse Orientierung der Gesellschaft. Anders als in Saudi-Arabien gibt es in Katar aber keine Religionspolizei, die den öffentlichen Raum überwacht und Verstöße gegen religiöse Regeln ahndet. Auch der Einfluss von Religionsgelehrten auf die Gesetzgebung ist in Katar eher gering, weshalb technologische, wirtschaftliche und gesellschaftliche Neuerungen deutlich leichter umsetzbar sind als im großen Nachbarland.

Trotzdem ist auch in Katar das öffentliche Leben stark von religiöser Tradition geprägt. So wird Blasphemie qua Gesetz verfolgt und kann mit bis zu sieben Jahren Freiheitsstrafe geahndet werden. Unerwünschte Kommentare über die Herrscherfamilie können allerdings noch wesentlich schwerer wiegende Konsequenzen haben. Aufgrund des islamisch geprägten Familien- und Erbschaftsrechts sind zudem Frauen erheblich benachteiligt, was zu ihrer weitgehenden Unsichtbarkeit im öffentlichen Raum und einem ungenügenden Schutz vor häuslicher Gewalt führt. Scheidungen sind schwer durchzusetzen, Entschädigungszahlungen zugunsten der Männer kalkuliert. Zeigt eine Frau eine Vergewaltigung an, riskiert sie eine Bestrafung wegen außerehelichen Geschlechtsverkehrs. Darüber hinaus erhalten Frauen im Erbschaftsfall, wie nach traditionellem Recht vorgesehen, nur die Hälfte des Anteiles der männlichen Verwandten.

Auch für Touristen können die islamisch-konservativ geprägten Regeln Konsequenzen haben. So ist Alkoholkonsum in der Öffentlichkeit weiterhin nicht gestattet und wurde in der Vergangenheit in Einzelfällen drastisch bestraft. Ebenfalls verboten ist Homosexualität,[13] in den letzten Jahren wurde jedoch keine Ahndung dokumentiert. Nach dem katarischen Strafgesetzbuch kann einvernehmlicher Geschlechtsverkehr zwischen Männern sowie zwischen Frauen mit bis zu sieben Jahren Gefängnis bestraft werden. Ausschweifendes und «nicht moralisches» Sexualverhalten ist ebenfalls grundsätzlich verboten. Körperstrafen, im Extremfall sogar die Todesstrafe, wie sie bei ähnlichen «Vergehen» andernorts verhängt und auch vollstreckt werden, sind in Katar nicht vorgesehen. Dennoch hält das Land grundsätzlich an der Todesstrafe fest, insbesondere im Fall von Mord, Landesverrat, Spionage oder anderem staatsgefährdenden Verhalten. Im Jahr 2018 etwa wurden zwei Todesurteile verhängt und bestätigt. Allerdings sind seit 2003 keine Fälle bekannt, in denen das Urteil auch vollstreckt wurde. Zur Zeit sitzen elf zum Tode verurteilte Personen in katarischen Gefängnissen ein.

Viel Kritik und Argwohn hat auch die Arbeit katarischer Wohlfahrtsorganisationen auf sich gezogen, die weltweit den Auf- und Ausbau von Moscheen und islamischen Zentren unterstützen. Aufgrund der religiösen Pflicht, einen Teil des Vermögens für gottgefällige Projekte zu spenden *(Zakat)*,[14] werden jedes Jahr hohe Summen für religiös motivierte Organisationen gesammelt. In den großen Einkaufszentren des Landes – aber natürlich auch online oder telefonisch – wirbt die staatlich kontrollierte Qatar Charity ebenso wie andere Institutionen Spenden ein. Qatar Charity erhält zudem großzügige Zuwendungen der Regierung, des Diwans, und wird auch von zahlreichen Amtsträgern und Unternehmen im Land unterstützt. Dies ist unter anderem die Folge von strengeren Kontrollen im Falle von Auslandsspenden, die, um Geldwäsche und Terrorfinanzierung vorzubeugen, nicht mehr direkt, sondern nur noch über Qatar Charity überwiesen werden dürfen. In früheren Jahren waren unkontrollierte Geldtransfers von Privatpersonen und Unternehmen aus Katar üblich. Ob die finanziellen Aktivitäten von Personen ohne katarische Staatsbürgerschaft mittlerweile genauso effektiv überwacht werden oder ob diese weiterhin Katar als Basis für intransparente Operationen nutzen, kann von außen nicht seriös beurteilt werden.

Engste Verbindungen der katarischen Führung zur Muslimbruderschaft können allerdings bestätigt werden. Das ist jedoch nicht zwangsläufig mit islamischem Extremismus oder gar der Unterstützung von Terrorismus gleichzusetzen. Die Muslimbruderschaft steht traditionell für einen gewaltfreien Weg durch die Institutionen, um ein islamkonformes Leben innerhalb der modernen Gesellschaften zu ermöglichen. Mit diesem Ziel suchen lokale Vereine[15] auf der ganzen Welt die Kooperation mit staatlichen Stellen sowie eine Beteiligung am demokratischen Prozess. Inwiefern das Fernziel eines islamisierten Staatswesens eine konkrete Gefahr für die freiheitlich-demokratische Grundordnung in Deutschland darstellt, wird seit Jahrzehnten vom Verfassungsschutz beobachtet. Zudem vertreten führende Ideologen wie der Fernsehprediger Yusuf al-Qaradawi aus Ägypten, der seit den 1960er-Jahren im katarischen Exil lebt, eine mitunter recht archaische Vorstellung eines islamkonformen Alltags, der etwa häusliche Gewalt unter bestimmten Umständen mit einschließt. Unklar bleibt jedoch, inwieweit tatsächlich mit katarischer Unterstützung zu Gewalt und Terror aufgerufen wird, wie manche Kommentatoren behaupten. Die Zusammenarbeit mit bewaffneten Organisationen und islamistischen Milizen in den Bürgerkriegsgebieten Syriens und Libyens wird weiter unten im geopolitischen Kontext und nicht aus ideologischer Perspektive analysiert, da religiöse Aspekte hier nur eine geringere Erklärungskraft besitzen.

Beduinische Traditionen

Obwohl die Bevölkerung der katarischen Halbinsel das Nomadenleben größtenteils schon vor Generationen aufgegeben hat, um ein komfortableres sesshaftes Leben zu führen und das Geld hierfür auf Perlentaucherschiffen oder Ölförderanlagen zu verdienen, prägt das beduinische Erbe noch heute Kultur und Traditionen des Landes. Ein besonders prominentes Beispiel stellt die in der ganzen Golfregion beliebte Jagd mit Falken dar, ein exklusives Hobby mit beduinischem Ursprung. Von den Nomaden wurden schon vor Jahrhunderten Falken für die Jagd ausgebildet, die dann durch das Fangen von kleinen Wildtieren zum für gewöhnlich kargen Speiseplan der Beduinen beitragen sollten. Falkenjagd wurde nur in den Wintermonaten praktiziert, da die Vögel die andere Hälfte des Jahres in ihrem in Europa gelegenen Sommerrevier verbrachten, um vom reicheren Nahrungsangebot der nördlichen Gefilde zu profitieren. Die Falken ganzjährig zu halten und zu füttern, war aus materieller Not früher keine Option. Gerade vor diesem Hintergrund erscheint die heutige Form der Falkenjagd als kostspieliges Hobby wie ein Symbol für die überwundene Armut vergangener Tage und den materiellen Überfluss im Hier und Heute.

Kamele spielen heute in Katar ebenfalls nur noch am Rande

eine wirtschaftliche Rolle. Obwohl sie mancherorts nach wie vor gemolken werden oder für die Schlachtung gezüchtet werden, überwiegt die Freizeitnutzung als Statussymbol und edles Reittier. Manche Katarer halten ihre Kamele in Ställen im Nachbarland Saudi-Arabien. Von wirtschaftlicher Bedeutung sind sie nur insofern, als besonders schöne oder schnelle Tiere bei lokalen Wettbewerben immense Preisgelder erhalten können und somit einen hohen Wert darstellen. Beim großen Kamelrennen zu Ehren des Vater-Emirs Hamad bin Khalifa beliefen sich die Preisgelder auf mehrere Millionen Euro. Früher kamen bei Kamelrennen oft Kinder als Jockeys zum Einsatz. Diese Praxis wurde 2004 abgeschafft, und seitdem reiten Roboter-Jockeys die Tiere.

Neben Falken und Kamelen spielen in der beduinischen Tradition auch Pferde eine sehr wichtige Rolle. Über Jahrhunderte war Pferdezucht für die Wüstenbewohner eine wichtige Einnahmequelle, und Pferde waren zeitweise sogar eines der wichtigsten katarischen Exportgüter. Sie werden in der Region seit rund 2000 bis 3000 Jahren gezüchtet, wobei sich vor allem eine Spezialisierung auf edle Rennpferde entwickelt hat. Seit 1992 betreibt die Herrscherfamilie mit dem Reitzentrum al-Shaqab eine eigene Zucht- und Ausbildungsstätte für Araberpferde.

Auch in der lokalen Kulturszene spiegelt sich das beduinische Erbe des Landes wider. Das gilt insbesondere für die literarische Tradition des Nabati-Stils, der die Form mündlich überlieferter Beduinengedichte aufgreift und in Kurzgeschichten, Novellen und Gedichte einfließen lässt. In der katarischen Musik sind beduinische Einflüsse ebenfalls zu finden, allerdings orientieren sich derzeit beliebte Musiker wie Fahad al-Kubaisi am regional vorherrschenden Genre der Khaliji (d. h. Golf-) Musik. Der Stil greift zwar den Klang traditioneller Instrumente wie der Oud (arabische Laute) auf, die schon von den Noma-

Beduinische Traditionen 61

Exklusives Hobby mit beduinischem Ursprung: Falkner in den Dünen bei Doha

den genutzt wurde, kombiniert die traditionellen Elemente jedoch frei mit Einflüssen aus Afrika, Indien und Iran und reiht sich damit in den Stilmix aktueller arabischer Pop-Musik ein.

4.
Rohstoffe und Reichtum

Katar ist nicht nur ein reiches Land, sondern auch das mit dem weltweit höchsten Bruttoinlandsprodukt pro Kopf. Im vergangenen Jahrzehnt zeigte der Golfstaat relativ konstante Wachstumszahlen, allerdings reduzierte sich das Wachstum infolge des von Saudi-Arabien initiierten Boykotts von 3,7 Prozent im Jahr 2015 auf 1,6 Prozent im Jahr 2017. Auch das Pro-Kopf-Einkommen schrumpfte im gleichen Zeitraum um über 10 000 Dollar von 134 200 auf 124 100 Dollar. Zudem wurde die Krise durch ein großes Defizit im Staatshaushalt 2017 deutlich, in dem Ausgaben in Höhe von 54 Milliarden Dollar Einnahmen von lediglich 44 Milliarden gegenüberstanden. Mittlerweile konnten die öffentlichen Finanzen konsolidiert werden, doch setzen volatile Weltmarktpreise für Erdgas die Einnahmeseite immer wieder unter Druck. Katars Wohlstand ist also weiterhin eng an die Entwicklung internationaler Rohstoffmärkte gekoppelt, was wirtschaftliche Reformen dringend, aber auch schwer durchsetzbar macht.

Öl und Gas, Fluch und Segen

Der bedeutendste Reichtum des Landes liegt unter dem Meeresgrund: das North Gas Field. Dabei handelt es sich um das größte Erdgasfeld des Planeten, das die Anrainerstaaten Katar und Iran[16] seit 2003 gemeinsam ausbeuten. Dank seines Anteils an dem weitläufigen Feld besitzt Katar nach Angaben der staatlichen Fördergesellschaft Qatar Petroleum rund 25,5 Billionen Kubikmeter Erdgas und damit 15 Prozent der weltweiten Vorkommen. Nur Russland und Iran verfügen über noch größere konventionelle[17] Erdgasreserven. In der im Norden der Halbinsel gelegenen Ras Laffan Industrial City konnte sich daher ein weltweit führendes Zentrum der Gasindustrie entwickeln.

Die Entstehung und Ansiedlung von Unternehmen zur Gasverarbeitung wurde in den letzten Jahrzehnten von der Regierung stark gefördert, auch weil die weltweit steigende Nachfrage nach Flüssiggas eine entsprechende Weiterverarbeitung vor Ort nahelegte. Während Europa und Nordamerika die Abhängigkeit vom Gas aus russischen Pipelines zunehmend mit Sorge betrachteten, bot Katar eine zwar teurere, aber dafür leicht zu transportierende und somit flexible Alternative. Die erste Erdgas-Verflüssigungsanlage wurde unter Emir Hamad in Betrieb genommen, seit 2006 machen mehrere Anlagen Katar zum größten Flüssiggasexporteur der Welt. 2016 stammte ein Drittel der globalen Flüssiggasexporte von dort, was die wichtige Rolle des Landes im internationalen Gasgeschäft unterstreicht. An der staatlichen Fördergesellschaft QatarGas halten heute führende internationale Öl- und Gasunternehmen Anteile, darunter ExxonMobil (USA), Total (Frankreich), Royal Dutch Shell (Niederlande) und ConocoPhillips (USA). Auch die

Zentrum der Gasindustrie: Blick über einen kleinen Teil der weitläufigen Gasverflüssigungs- und -abfüllanlagen von Ras Laffan bei Doha, kurz nach der Inbetriebnahme 2006

japanischen Unternehmen Mitsui, Idemitsu, Cosmo und Marubeni sind an QatarGas beteiligt.

Spätestens seit Russlands Angriff auf die Ukraine im Frühjahr 2022 interessiert sich auch die deutsche Regierung für das Flüssiggas aus Katar, das helfen würde, die Lieferungen aus Russland im Falle eines Boykotts oder eines Lieferstopps zu substituieren. Ob sich hieraus wichtige Handelsbeziehungen entwickeln, hängt einerseits vom weiteren Verlauf des Russland-Ukraine-Konflikts und von der Verfügbarkeit russischen Gases in Europa ab, andererseits sind auch in Katar die Förder- und Produktionsmengen aus technischen Gründen limitiert und können selbst bei bestem politischem Willen nicht kurzfristig vervielfacht werden. Auf jeden Fall verbessert die internationale Isolation Russlands die Marktsituation für die anderen Gasexporteure und lässt Katar auf gute Einnahmen hoffen.

Die Bedeutung des Erdöls reicht heute nicht mehr an die des Gases heran, aber für die wirtschaftliche Entwicklung und die Entstehung des Wohlstands in Katar spielte es eine zentrale Rolle. Bereits ein Jahr nach der Entdeckung erster Ölreserven am Jabal Dhukan begann dort 1939 die kommerzielle Förderung. Der Export kam jedoch erst nach dem Zweiten Weltkrieg, angekurbelt vom weltweiten Wirtschaftswachstum und dem damit einhergehenden Energiehunger der Industriestaaten, in Fahrt. Nachdem Katar 1961 der mächtigen Organisation erdölexportierender Länder (OPEC) beigetreten war, übernahm das Land nach der Staatsgründung 1971 alle auf seinem Staatsgebiet tätigen Ölgesellschaften und wurde somit die erste ressourcenreiche Golfmonarchie, die sämtliche Rohstoffvorkommen selbst kontrollierte. Dadurch konnten mit internationalen Kooperationspartnern günstigere Bedingungen ausgehandelt werden, was die Einnahmen fortan noch ergiebiger sprudeln ließ. Diese Entwicklung wurde insbesondere durch die hohe Qualität des katarischen Öls begünstigt: Aufgrund seiner vergleichsweise geringen Dichte und des – je nach Fördergebiet – geringen Schwefelgehaltes lässt es sich leicht und kostengünstig verarbeiten und ist bei internationalen Unternehmen entsprechend gefragt. Im Rahmen von Joint Ventures arbeiten viele große Firmen – vor allem Royal Dutch Shell, ExxonMobil und Total – mit der staatlichen Qatar Petroleum zusammen.

Mit täglich rund 1,5 Millionen geförderten Barrel Öl, von denen rund 75 Prozent exportiert werden, liegt Katar damit noch immer auf Platz 13 der größten Exporteure. Die Gesamtreserven belaufen sich nach aktuellen Schätzungen auf gut 25 Milliarden Barrel. Im Vergleich mit den auf knapp 600 Milliarden Barrel geschätzten Ölreserven des großen Nachbarn Saudi-Arabien zeigt sich die gegenüber der Gaswirtschaft deutlich geringere nationale Bedeutung des Öls. Im Zuge der regionalen Spannungen und der diplomatischen Verwerfungen zwischen den Herrscherhäusern am Golf beendete Katar im Dezember 2018 seine OPEC-Mitgliedschaft.

Bis heute wird rund die Hälfte des katarischen Bruttoinlandsprodukts durch die Förderung und den Export von Öl und Gas erwirtschaftet. An den restlichen 50 Prozent hat die Produktion von petrochemischen Industrieerzeugnissen wie Düngemittel oder verschiedenen Kunststoffe einen erheblichen Anteil, die ebenfalls mithilfe der fossilen Bodenschätze hergestellt werden. Katars enorme Abhängigkeit von seinen Bodenschätzen und der weiterverarbeitenden Industrie ist zwar insofern nachhaltig, als die Reserven noch für die Versorgung mehrerer Generationen ausreichen. Allerdings führt die Volatilität der Öl- und Gaspreise zu schwer planbaren Staatseinnahmen und verursacht etwa bei fallenden Weltmarktpreisen immer wieder Defizite im Staatshaushalt. Zudem sind die meisten katarischen Importe, insbesondere Maschinen und Lebensmittel, teuer und sorgen für konstant hohe Ausgaben. Damit kann jeder Einbruch der stark vom weltwirtschaftlichen Wachstum abhängigen Energiepreise Finanzierungsprobleme verursachen. Globale Wirtschaftskrisen wie die Corona-Pandemie 2020 haben deswegen für Katar und andere Öl- und Gasexporteure oft besonders gravierende wirtschaftliche Einschnitte zur Folge. Die Tatsache, dass das Land die Corona-Pandemie bislang wirtschaftlich besser als seine Nachbarn verkraftet hat,[18] deutet auf zunehmend belastbare Strukturen hin.

Zentralisierung und Diversifizierung

Seit diese Abhängigkeit vor einigen Jahren von der katarischen Regierung erkannt worden ist, entstehen regelmäßig neue Programme zur Diversifizierung der nationalen Wirtschaft und zur Förderung des Privatsektors mit dem Ziel, stabilere Einnahmen und eine größere Unabhängigkeit von internationalen Rohstoffpreisen zu erreichen. Auf diesem Weg wurden bereits erste Erfolge erzielt: Zu den bedeutendsten Industriebetrieben im Land zählen heute unter anderem ein Stahlwerk, eine Düngemittelfabrik, petrochemische Anlagen sowie eine Getreidemühle. Eine herausgehobene Stellung hat die Aluminiumherstellung von Qatalum, einem norwegisch-katarischen Joint Venture, das in Katar eines der größten Werke für Primäraluminium der Welt betreibt. Hier kann das Land seinen internationalen Wettbewerbsvorteil voll ausspielen und die besonders energieintensive Produktion durch günstige Strompreise sehr wirtschaftlich betreiben, freilich nicht zum Vorteil der exzessiven CO_2-Bilanz. Das Aluminiumwerk verfügt über ein eigenes Gas-Kraftwerk mit einer Leistung von 1350 Megawatt, was der Energieproduktion eines modernen Kernkraftwerks in der Größenordnung der Anlagen Brokdorf oder Neckarwestheim 2 entspricht. Inwiefern aktuelle Investitionen in den Aufbau einer nationalen Solarzellenindustrie eine wirtschaftliche Diversifizierung unterstützen, bleibt abzuwarten.

Schließlich stehen dem starke Kräfte entgegen, vor allem in Form von staatlichen und familiären Strukturen und Netzwerken, die eine privatwirtschaftliche Entwicklung und somit eine «organische» Diversifizierung erschweren. Die koloniale Vergangenheit Katars und die damit verbundene Bündelung der Ressourcen beim Herrscherhaus verhinderten, dass sich ein lokales Bürgertum herausbilden konnte. Nach der Staatsgründung verfügte vor allem die Herrscherfamilie über das notwendige Kapital, um die wirtschaftliche Entwicklung voranzutreiben. Die mittlerweile gefestigten Strukturen bestätigen die zentrale Rolle staatlicher Institutionen. Sie übernehmen bis heute die Aufgabe, Vermögen anzusammeln und zu investieren, Subventionen zu vergeben und die Privatwirtschaft anzuleiten.

Zudem drohte mit zunehmendem Wirtschaftswachstum auch die sogenannte «Norwegische Krankheit»: Die durch die Rohstoffexporte stark aufgewertete Landeswährung macht sämtliche einheimische Produkte für den Weltmarkt teurer und somit unattraktiver. Somit führte vielerorts der erfolgreiche Export von Bodenschätzen, wie in Norwegen, zu Einbußen bei anderen Industriezweigen, die ihre Produkte nur noch schwer international verkaufen konnten. In den Golfstaaten begegnete man diesem Problem mit festen Wechselkursen, die mit großen finanzpolitischen Einschränkungen einhergehen. Dennoch haben heute außer Kuwait alle Staaten des Golf-Kooperationsrats ihre Währungen an den US-Dollar geknüpft. Seit einem entsprechenden Dekret des Emirs im Jahr 2001 gilt ein Wechselkurs von 3,64 Qatari Riyal pro US-Dollar.

Eine starke Zentralisierung und staatliche Steuerung des Wirtschaftssystems äußert sich unter anderem darin, dass kapitalintensive Sektoren bevorzugt werden. Hier erscheinen erstens die öffentlichen Investitionen besonders dringend, zweitens ist es durch eine Fokussierung auf Industrien mit hohem Investitionsbedarf möglich, das Machtzentrum zu konsolidieren: Für private Investoren sind große Investitionen zumeist nicht erschwinglich oder zu riskant, weshalb in Katar und vielen anderen Golfstaaten staatlich kontrollierte oder geführte Firmen die örtliche Wirtschaft dominieren und somit auch den

Grad an Fortschritt maßgeblich bestimmen. Die Kapitalakkumulation um die Herrscherfamilie verstetigt sich und stellt die Basis für eine sogenannte «Renten-Ökonomie» dar, die grundsätzlich auf der Umverteilung von staatlichen Einnahmen, zum Beispiel aus dem Export von Bodenschätzen, beruht. Somit verbleibt die Kontrolle über das nationale Wirtschaftsleben fast vollständig beim Herrscherhaus, private Unternehmer finden keinen angemessenen und sicheren Handlungsraum vor und haben nur einen kleinen Anteil an Fortschritt und Wachstum. Dadurch kann sich im Land kaum eine regimeunabhängige Kapitalelite herausbilden, die die Alleinherrschaft infrage stellen und Forderungen nach Mitbestimmung formulieren könnte. Stattdessen ist die Wirtschaftselite handverlesen und direkt von katarischen Herrschaftsstrukturen abhängig, was ein Aufbegehren äußerst unwahrscheinlich macht.

Diese letztes Endes historisch gewachsenen und machtpolitisch gewünschten Verhältnisse stehen oftmals der Schaffung von Strukturen entgegen, die eine dynamische wirtschaftliche Entwicklung ermöglichen sollen. Eine zu starke Zentralisierung führt häufig zu einer ineffizienten Verteilung der Ressourcen und einer Konzentration der Investitionen an zu wenigen Standorten. Noch gravierender ist die auch auf Katar zutreffende Beobachtung, dass in rentenbasierten Volkswirtschaften der institutionelle und gesetzliche Rahmen für private Wirtschaftsakteure nicht ausreichend entwickelt und verbessert wird, da die Staatseinnahmen nicht oder kaum von privatwirtschaftlicher Aktivität im Lande abhängig sind. Die Folge sind mangelhafte Transparenz und Rechtssicherheit, vor allem aus der Perspektive der schwach entwickelten vom Regime unabhängigen Privatwirtschaft sowie für potentielle ausländische Investoren. Das Wettbewerbsumfeld ist aufgrund der zentralen politischen Steuerung für Außenstehende oft undurchsichtig, und ein Markteintritt oder Direktinvestitionen bleiben daher riskant und entsprechend unattraktiv.

Umgekehrt kann aufgrund dieser Undurchsichtigkeit unerwünschte Konkurrenz in den Einflussbereichen wichtiger Mitglieder der Al Thani im Ansatz unterbunden werden. Stattdessen können mithilfe staatlicher Unterstützungsleistungen gewünschte wirtschaftliche Aktivitäten gezielt gefördert und an die Interessen des Herrscherhauses angepasst werden. In diesem Kontext der einseitigen Abhängigkeit erfolgen wirtschaftspolitische Entscheidungen nicht nur im Sinne politischer Effektivität oder wirtschaftlicher Effizienz, sondern auch maßgeblich zur Aufrechterhaltung persönlicher Loyalitäten gegenüber der Herrscherfamilie. Indem sie Subventionen gewährt oder attraktive Jobs in staatlichen Behörden schafft, erhält sich die Führung des Landes die Unterstützung wichtiger Wirtschaftsakteure.

Dies mag im Hinblick auf die Regimestabilität zunächst förderlich wirken. Schließlich wird der Raum für freies wirtschaftliches Handeln so stark kontrolliert und im Zweifelsfall beschränkt, dass keine Versorgungsmodelle entstehen können, die langfristig mit dem Staat und der Al Thani-Herrschaft in Konkurrenz treten, indem sie Arbeitnehmer sowie Investoren unabhängig von staatlichen Zuwendungen oder Erleichterungen machen. Ansprüche auf Mitbestimmung im Staat werden so frühzeitig und effektiv unterbunden. Allerdings gewinnt gerade in Zeiten internationaler klima- und wirtschaftspolitischer Krisen die Flexibilität und Öffnung der Wirtschaft stark an Bedeutung: Vielerorts stellen Umweltschutzbewegungen die Nutzung fossiler Brennstoffe infrage und Regierungen beschließen eine Förderung erneuerbarer Energiequellen analog zur deutschen «Energiewende». Diese Tendenz setzt – wenn auch derzeit überlagert von den akuten Auswirkungen des Krieges gegen die Ukraine – die Öl- und Gaspreise weiter unter Druck, sodass die

Planung der katarischen Staatseinnahmen zukünftig noch unsicherer wird. Die Renten müssen jedoch zunächst erwirtschaftet werden, bevor der Staat sie in Form von Gehältern, Sozialleistungen und Subventionen an die Bevölkerung und privilegierte Gruppen verteilen kann. Sollten die verfügbaren Einkommen nicht mehr ausreichen, um das Wohlstandsniveau der Bevölkerung langfristig aufrechtzuerhalten, greift dies direkt die Legitimität des Emirs und der Al Thani-Herrschaft an, die sich zuvorderst in Schutz und Versorgung der Katarer bemisst. Die Festigung der Machtstrukturen durch zentrale Kontrolle und Einflussnahme stellt somit gleichzeitig die größte Gefahr für die Al Thani-Herrschaft dar.

Mit der National Vision 2030, einem großen Entwicklungsplan, versucht die Führung des Landes seit 2008, dieses Paradox in ihrem Sinne aufzulösen und trotz Beibehaltung rigider Kontrolle den Aufbau eines lebhaften Privatsektors zu begünstigen, um den hohen Kostendruck auf den Staatshaushalt langfristig auszugleichen und die nationale Wirtschaft auf eine breitere Basis zu stellen. Über 50 Milliarden Dollar möchte die Regierung investieren und Katar mit einer leistungsfähigen Infrastruktur bereit für die Zukunft und interessant für internationale (und auch neu zu gründende einheimische) Unternehmen machen. In diesem Rahmen hat das Land bereits 2009 einen Vertrag mit der Deutschen Bahn unterschrieben,[19] die mit dem Bau eines 325 Kilometer langen Schienennetzes für den schnellen, sicheren und umweltfreundlichen Transport von Personen und Gütern im Land sorgen soll. Teil der Planungen ist auch eine 180 Kilometer lange Hochgeschwindigkeitsstrecke auf speziellen Trassen, die für bis zu 350 km/h schnelle Züge ausgelegt sind. Eigentlich sieht das Projekt bis 2030 einen Streckenverlauf vom Flughafen Doha über das Stadtzentrum bis ins Nachbarland Bahrein vor, doch wie im Fall der ebenfalls geplanten Verbindungsstrecke nach Saudi-Arabien ist die Fertigstellung in Anbetracht der diplomatischen Verwerfungen zwischen Katar und anderen Golfstaaten derzeit ungewiss. Relativ weit gediehen sind bereits die Bauarbeiten zur Errichtung eines Stadtbahnnetzes in Doha, mittlerweile sind drei Linien in Betrieb. Auch an diesem Projekt sind einige deutsche Spezialfirmen beteiligt.

Ein besonders kritischer Aspekt der National Vision 2030 betrifft die Struktur des katarischen Arbeitsmarktes. Zwar investiert das Land hohe Summen in das Bildungssystem – im Jahr 2017 immerhin 2,9 Prozent des Bruttoinlandsproduktes – und weist bei Männern und Frauen eine Alphabetisierungsquote von 97 Prozent und ein zunehmendes Ausbildungsniveau aus, dennoch sind bislang nur rund 15 Prozent der Arbeitskräfte weiblich. Eine stärkere Einbindung der Frauen erleichtert Privatunternehmen die Rekrutierung von gut ausgebildeten Beschäftigten und erhöht insgesamt die Produktivität. Aufgrund teils orthodox-konservativer Rollenbilder und Familienstrukturen ist die Akzeptanz und somit auch die Effektivität entsprechender Maßnahmen allerdings recht unsicher. Es bleibt abzuwarten, inwieweit die ehrgeizigen Ziele einer wirtschaftlich fokussierten, aber letzten Endes ganzheitlichen Modernisierung des Landes erreichbar sind, ohne den absoluten Führungs- und Kontrollanspruch des Emirs und der wichtigsten (Mit-)Entscheider aufzugeben. Ein Blick auf die zahlreichen Diversifizierungs- und Entwicklungsprogramme, die Katar und andere Golfstaaten bereits in den zurückliegenden Jahrzehnten vorgestellt haben, legt eine skeptische Prognose nahe. Zwar ist der Anteil der Öl- und Gaseinnahmen an den Staatshaushalten der Golfmonarchien in der Regel gesunken, doch in deutlich geringerer Geschwindigkeit und Größenordnung als vorgesehen. In einigen Jahren wird sich beobachten lassen, ob Emir Tamim hier ein weiterer Sonderweg gelingt, ohne seine Machtbasis zu gefährden.

5.
Ausbeutung und Arbeitsmarkt

Die Arbeitsmarktzahlen aus Katar wirken auf den ersten Blick sehr erfreulich, immerhin beträgt die Arbeitslosenquote offiziell nahezu 0 Prozent. Da es viel zu tun gibt im Land, arbeitet neben den Katarern eine große Gruppe von Gastarbeitern aus der ganzen Welt am Wachstum Katars und erhofft sich einen kleinen Anteil am Wohlstand. Für viele erfüllt sich das Versprechen wirtschaftlichen Aufstiegs, aber bei Weitem nicht für alle. Nichtregierungsorganisationen beobachten seit Jahren teilweise gravierende Verstöße gegen nationales und internationales Arbeitsrecht und dokumentieren die dramatischen Nebeneffekte des rohstofffinanzierten Booms am Arabischen Golf.

Das System der vielen Schubladen

Der katarische Arbeitsmarkt ist hochgradig segmentiert und zwischen unterschiedlichen Bevölkerungsgruppen aufgeteilt. Dabei ist die Unterscheidung zwischen katarischen Staatsbürgern auf der einen und Gastarbeitern auf der anderen Seite zu ungenau – schließlich hat sich innerhalb der immigrierten Arbeiter ein weitgehend stabiles System aus Kategorien etabliert, die maßgeblich über Gehalt, Arbeitsbedingungen und sozialen Status bestimmen. Tatsächlich ist die Zugehörigkeit zu einer der im Folgenden beschriebenen Gruppen für fast sämtliche Aspekte des Lebens in Katar entscheidend. Sie regelt den Zugang (beziehungsweise fehlenden Zugang) zu staatlichen Ressourcen, ist ausschlaggebend für Wohnort und -situation und legt die sozialen Kontakte und Räume einer Person fest. Auch die hier gewählte Unterscheidung ist aufgrund von Überschneidungen und Ausnahmen letztlich nicht präzise genug, soll aber einen hilfreichen Überblick bieten und verdeutlichen, wie unterschiedlich und voneinander abgetrennt sich die vor allem vom Arbeitsmarkt strukturierten Sphären in Katars Alltagsleben darstellen. Ob Bauarbeiter oder Prinz, von diesen Zwängen sind letztlich alle betroffen, da ein Verlassen der angestammten Sphäre entweder gar nicht möglich oder sozial nicht erwünscht ist.

Die privilegierteste Gruppe bilden Katarer, die entweder der Herrscherfamilie oder einer anderen illustren, vom Regime kooptierten Familie angehören und in direktem Austausch mit dem Emir oder seinen Vertrauten stehen. Es handelt sich um eine weitestgehend politisch loyale Elite, deren Angehörige die zentralen Positionen in den Ministerien und die Vorstandsposten der wichtigsten staatlichen oder quasi-staatlichen Unternehmen besetzen. Auch wenn diese Personen im Tagesgeschäft oft kaum in Erscheinung treten, so tragen sie doch die politische Verantwortung für die jeweilige Institution und treffen wichtige strategische Entscheidungen in der Regel selbst – teils zum Leidwesen der internationalen Experten im Land, deren Expertise im Entscheidungsprozess im Gegensatz zu politisch-familiären Netzwerken und persönlichen Überzeugungen manchmal nur eine untergeordnete Rolle spielt.

Mitglieder dieser elitären Kreise leben in Katar oft weitgehend abgeschottet vom öffentlichen Raum und interagieren größtenteils in komplexen Familienstrukturen innerhalb der eigenen Gruppe. Mit Mitgliedern der anderen Gruppen kommen sie in der Regel nur geschäftlich in Kontakt. Wohlstand und sozialer Status der Elite ist eng an die Loyalität zur Staatsführung geknüpft, was deren Machtbasis absichert und die politische Verantwortung auf verlässliche Schultern verteilen hilft. Im Gegenzug erfahren diese Personen umfangreiche persönliche und wirtschaftliche Freiheiten und können ihre Aktivitäten national und international ungestört ausüben, solange sie nicht den Interessen des Emirs entgegenstehen. Dabei gehen sie mit den Freiheiten ganz unterschiedlich um, betätigen sich je nach Position, Ambition und Potential als findige Geschäftsleute oder errichten innerhalb ihres eigenen Wirkungskreises ein kleines Imperium mit quasi-feudalen Strukturen. Manche kümmern sich hauptsächlich um ihre privaten Auslandsimmobilien und machen das Straßenbild in London, Paris oder Genf mit ihren extravaganten Fahrzeugen erheblich bunter und lauter.

Eine Sportwagensammlung bleibt freilich auch für die meisten katarischen Staatsbürger ein unerreichbarer Traum, obwohl sie automatisch zu einer ebenfalls sehr privilegierten Gruppe auf dem Arbeitsmarkt gehören. Im öffentlichen Dienst oder in staatlichen Unternehmen stehen ihnen zahlreiche Arbeitsplätze exklusiv zur Verfügung, die bei einem vergleichsweise niedrigen Ausbildungsniveau ein attraktives Gehalt und überschaubare Arbeitszeiten bieten. Dies ruft hin und wieder Argwohn bei den in den gleichen Institutionen beschäftigten Gastarbeitern hervor, da diese in der Regel für vergleichbare Tätigkeiten einen erheblich niedrigeren Stundenlohn erhalten. Hinzu kommt der für Staatsbürger reservierte Zugang zu allen staatlichen Fördermitteln, Unterstützungen und Sozialleistungen, etwa in Form von Bauland oder kostenloser Gesundheitsversorgung. Dennoch zeigen sich bei dieser Gruppe die großen gesellschaftlichen Herausforderungen, die mit Wirtschaftswachstum, rasanter Modernisierung und der massiven Anwerbung von Gastarbeitern einhergehen. Die damit verbundene Internationalisierung beziehungsweise Verwestlichung des katarischen Lebensstils ruft bisweilen kritische Kommentare hervor, die vor «Überfremdung» und einer sozialen Konkurrenzsituation warnen.

Auch die «normalen» katarischen Staatsbürger leben überwiegend in Klein- oder Großfamilien, haben aber in der Regel keinen Zugang zu exklusiven Zirkeln und müssen sich so den öffentlichen Raum mit den anderen Einwohnergruppen teilen. So oszilliert ihr Alltag zwischen begünstigter Abgrenzung und Anpassung an die international-austauschbare Freizeitinfrastruktur, die vor allem im Hinblick auf die Lebensqualität der dringend benötigten Fachkräfte aus den westlichen Industriestaaten aufgebaut wurde. Immerhin verfügen Katarer zumeist über ausreichend finanziellen Spielraum, um die gebotenen Vergnügungen wie Einkaufszentren, Kinos, Eisbahnen und Restaurants ausgiebig nutzen zu können. Hier vermischen sich Einheimische und Zugezogene zumindest räumlich, doch kommt es nur sehr selten zu einem echten Austausch zwischen den Statusgruppen. Dazu trägt auch die räumliche Segregation durch gehobene Wohngegenden wie Khalifa Town bei, die fast ausschließlich von Katarern bewohnt werden.

Gut ausgebildete und entsprechend bezahlte Gastarbeiter – vorwiegend aus den westlichen Industriestaaten – bilden die wichtigste Zielgruppe der Freizeit- und Einkaufsangebote in Katar, was sich auch am Sortiment der Geschäfte und an den Spielplänen der Kultur- und Unterhaltungsbetriebe ablesen lässt. Der sporadische Kulturbetrieb orientiert sich vorwiegend am Repertoire der Alten Welt, für die Abwechslung in der Wüste sollen Gastspiele renommierter Sinfonieorchester oder mediterran dekorierte Restaurants sorgen. Zunehmend gehören – neben den knapp 2000 deutschen Staatsbürgern im Land – auch hochqualifizierte Personen vom indischen Subkontinent zu dieser privilegiertesten Gruppe der Gastarbeiter. Bei entsprechender Qualifikation erhalten sie ähnliche Gehälter wie westliche Fach- und Führungskräfte und haben in der Regel die Möglichkeit, ihre Familienangehörigen mit ins Land zu bringen. Alle großen katarischen Unternehmen sind auf dieses Personal dringend angewiesen, schließlich finden sich für die zu besetzenden Positionen bei Weitem nicht genügend katarische Arbeitskräfte. So mögen die meisten einheimischen Firmen zwar von einem katarischen Staatsbürger geleitet werden, ansonsten besteht das Management jedoch überwiegend aus Gastarbeitern.

Dieser Personenkreis wurde mehrheitlich von der Aussicht auf hohe Gehälter in Verbindung mit niedrigen Abgaben ins Land gelockt. Das «Steuersystem» sorgt für einen aus Sicht der Haushalte erfreulich hohen Auszahlungsbetrag zum Monatsende, weshalb für viele ein sehr hoher Lebensstandard möglich ist, der in den Heimatländern insbesondere aufgrund der hohen Steuern und Sozialabgaben schlichtweg unerschwinglich wäre. Auch vormals mittelständische Familien können sich in Katar oft Hauspersonal, Chauffeur und individuelle Kinderbetreuung leisten, was in den westlichen Industriestaaten als ein Privileg der Oberschicht gilt. Mögen die Lohnkosten für Hauspersonal in Katar überschaubar sein, so merken doch die meisten Gastarbeiterhaushalte schnell: Das Leben in Doha ist sehr teuer. Zu den größten Ausgaben gehört die monatliche Miete, die bei einer kleinen Doppelhaushälfte für eine vierköpfige Familie in einem westlich geprägten Wohnviertel leicht dreitausend bis viertausend Dollar betragen kann. Auch das Schulgeld für internationale Schulen und die Kosten für (importierte) Lebensmittel sind beachtlich. Die Tatsache, dass die mitreisenden Partner mehrheitlich vor Ort keine Arbeit finden und der Haushalt auf das zweite Gehalt verzichten muss, erschwert die finanzielle Lage und trägt mit dazu bei, dass nur sehr gut verdienende Führungskräfte oder sehr sparsame Familien ihre Zeit in Katar zum Aufbau eines Vermögens nutzen können.

Das tägliche Leben der Gastarbeiter westlicher Herkunft spielt sich in der Regel in einer Art Parallelwelt ab, die sich sowohl vom abgeschiedenen Familienleben der Katarer als auch vom Alltag der einfachen Arbeiter aus aller Welt unterscheidet. In vielen der ummauerten und bewachten Wohnsiedlungen (Compounds) gelten westliche Verhaltensregeln, sodass sich die Familien innerhalb der Siedlung frei und ohne Rücksicht auf islamische Traditionen bewegen können. Personen aller Geschlechter schwimmen gemeinsam im Swimmingpool oder sitzen bei einem Bier oder Barbecue zusammen. Während manche Luxus und Sonne genießen, fühlen sich andere regelrecht gefangen und warten sehnsüchtig auf den nächsten Urlaub in der alten Heimat. Außerhalb des privaten Raums stehen westlich-internationale «Inseln» zur Verfügung und so bewegt man sich mit Vorliebe in den großen Malls oder trifft sich in bekannten Restaurants und Hotels, in denen Alkohol ausgeschenkt wird.

Beim Einkaufen stößt man zwar durchaus auch auf katarische Staatsbürger, ein Kontakt kommt allerdings selten zustande. Dass hierbei Statusunterschiede schwerer wiegen als die Sprachbarriere, lässt sich beim Blick auf die nächste Gruppe der Gastarbeiter in Katar erahnen: die qualifizierten Immigranten aus arabischsprachigen Ländern.[20] Während viele gut ausgebildete Ägypter oder Libanesen ein mit den westlichen Spezialisten vergleichbares Leben führen und ähnliche Gehälter beziehen, haben ihre geringer qualifizierten Landsleute auch Jobs im Dienstleistungssektor, um arabische Kunden in ihrer Muttersprache zu bedienen. Wie in anderen Golfstaaten sind zahlreiche arabischsprachige Einwanderer im einfachen und mittleren öffentlichen Dienst (Verwaltung, Verkehrspolizei etc.) und in der Armee beschäftigt, da vor allem die unteren Stufen der Hierarchien nicht ausschließlich mit katarischen Staatsbürgern besetzt werden können. Auch hier locken attraktive Gehälter und Privilegien, in manchen Fällen sogar die Aussicht auf Einbürgerung. Dennoch sind die Lebensumstände oft nicht einfach: Zwar findet sich häufig ein engeres soziales Netzwerk, insbesondere aus Landsleuten vor Ort, viele Einwanderer jedoch leben ohne Familie beziehungsweise haben noch keine gegründet, was in Katar aufgrund des sehr unausgewogenen Geschlechterverhältnisses und der Segregation zwischen den Statusgruppen ein schwieriges Unterfangen darstellt.

Die einfachen Arbeiter im Land haben indes keinerlei Aussicht auf eine gelebte Familienidylle vor Ort. Hunderttausende von Service-Kräften, Haushaltshilfen, Fahrern oder Bauarbeitern arbeiten zwölf Stunden am Tag und sechs Tage in der Woche. In der verbleibenden freien Zeit sind sie weitestgehend isoliert und von den Freizeitangeboten ausgeschlossen, weil sie aufgrund des lückenhaften öffentlichen Nahverkehrs ihre Wohnstätte kaum verlassen und sich die meisten Vergnügun-

Das System der vielen Schubladen   83

gen sowieso nicht leisten können. Dabei verdienen auch die
Personen dieser Statusgruppe im Vergleich zu ihren Herkunfts-
ländern, vorwiegend auf dem indischen Subkontinent oder in
Südostasien gelegen, ein oftmals stattliches Gehalt. So ist etwa
ein pakistanisch-stämmiger Taxifahrer durchaus in der Lage, innerhalb einer überschaubaren Zeit mit harter Arbeit ein kleines
Vermögen aufzubauen, das zur Errichtung eines Hauses in seiner Heimatgemeinde ausreicht. Diese Aussicht lockt nach wie
vor zahlreiche Arbeitsmigranten ins Land. Allein im Bausektor
wird die Zahl der Gastarbeiter auf über eine Million geschätzt,
rund 100 000 Personen arbeiten als Haushaltshilfen. Allerdings
reduzieren auch hier hohe Lebenshaltungskosten den Gewinn:
Oft sind die Betroffenen gezwungen, viel Geld für sehr bescheidene Unterkünfte zu bezahlen, etliche arbeiten und schlafen im
Schichtbetrieb und teilen sich ihren Schlafplatz mit einer anderen Person. Besonders problematisch ist die systematische Ausbeutung durch windige Unternehmen und Mittler, die gezielt
die schwache Verhandlungsposition der Arbeiter ausnutzen
und ihnen für überzogene Preise unwürdige Unterbringungsop-
tionen aufzwingen. Hier verbringen die Bewohner notgedrun-
gen auch den Großteil ihrer freien Zeit, zumal Freizeitaktivitä-
ten in der Regel mit hohen Kosten verbunden sind und der
öffentliche Raum kaum attraktive Flächen bietet.

Immer wieder gibt es Arbeitskräfte, die nicht alleine im Land
sind, sondern Familienangehörige vor Ort haben. Oft arbeiten
sie in ähnlichen Berufen, da die Rekrutierung zumeist über regionale Netzwerke erfolgt. So bildeten sich für viele Herkunfts-
länder bestimmte Schwerpunktbranchen heraus: Den Dienstleistungssektor etwa dominieren Arbeitskräfte aus Indien, den
Philippinen, Bangladesch, Sri Lanka und Pakistan. Im Bausektor wiederum sind überwiegend Arbeiter aus Nepal angestellt,
die besonders viele Todesfälle zu beklagen haben und daher im

Zentrum der Berichterstattung über die schlechten Arbeitsbedingungen auf den WM-Baustellen standen. Nach einem Bericht des SPIEGEL verstarben in Katar allein im Jahr 2013 44 nepalesische Bauarbeiter.[21] Die Presserecherchen im Vorfeld der Fußballweltmeisterschaft 2022 haben die schwierige Lebens- und Arbeitssituation der Gastarbeiter vor Ort international sichtbar gemacht und den Blick auch auf die Defizite der regionalen Visa-Praxis gelenkt.

Ausbeutung im Kafala-System

Als Kern der Probleme, mit denen insbesondere die weniger privilegierten Gruppen am katarischen Arbeitsmarkt konfrontiert sind, wird in der Regel das sogenannte Kafala-System (*kafala,* deutsch: Bürgschaft) gesehen: Die Aufenthaltsgenehmigung ist an die Einladung eines katarischen Gastgebers, eines sogenannten «Sponsors» (*kafil*), gebunden. Entsprechend können Gastarbeiter nur mit schriftlicher Genehmigung ihres Bürgen das Land betreten oder (bis zu einer Gesetzesänderung 2018) verlassen und auch ein Wechsel des Arbeitsplatzes vor Ort war bis vor Kurzem nur mit dessen Zustimmung möglich. Ein Fernbleiben vom Arbeitsplatz gilt als Straftat und wird polizeilich verfolgt, selbst wenn dem Arbeitgeber Misshandlung oder ein Zurückhalten der Löhne zur Last gelegt und nachgewiesen werden. Als Sponsor treten entweder die einheimischen Arbeitgeber selbst oder Vermittler (mit katarischer Staatsbürgerschaft) auf. Diese sind auch dafür verantwortlich, dass der Arbeiter nach Vertragsende Katar wieder verlässt, und müssen entsprechend die Ausreisekosten tragen. Das Kafala-System findet sich in allen Staaten des Golf-Kooperationsrats und auch –

Ausbeutung im Kafala-System 85

Gastarbeiter aus Indien und Bangladesch bei Straßenbauarbeiten vor dem Khalifa-Stadion in Doha, Januar 2017

in abgewandelter Form – in Jordanien und im Libanon. Eingeführt wurden die Maßnahmen, um Arbeitskräfte aus dem Ausland schnell und unbürokratisch ins Land holen und sie in Phasen wirtschaftlichen Abschwungs leicht wieder in ihre Heimatländer zurückschicken zu können. Außerdem sorgt das System für eine ständige Rotation und verhindert, dass Gastarbeiter in Katar heimisch werden und frei im Land leben. Stattdessen ist die Aufenthaltsgenehmigung stets an den katarischen Sponsor gebunden, was in der Praxis immer wieder zu Abhängigkeitsverhältnissen und Ausbeutung führt. Gewerkschaften oder Streiks sind grundsätzlich verboten.

Obwohl die entsprechenden Gesetze für alle Arbeitsmigranten gelten, gibt es im katarischen Alltag erhebliche Unterschiede, was den Umgang mit den heterogenen Statusgruppen angeht. So ist die Verhandlungsposition hochqualifizierter Spezialisten aus den westlichen Industriestaaten in der Regel deutlich besser als die unqualifizierter Arbeiter, die im Fall von Konflikten leicht ersetzt werden können. Noch immer ist es gängige Praxis mancher Arbeitgeber, die Pässe der Arbeiter einzuziehen, obwohl dies mittlerweile gesetzlich verboten ist. Besonders dramatisch wird es, wenn seitens des Sponsors weitergehendes Fehlverhalten vorliegt, etwa wenn er abtaucht, keinen Lohn bezahlt, selbst insolvent wird oder sich weigert, die Kosten für die Heimreise zu übernehmen. In diesen Fällen droht den Betroffenen ein Abrutschen in die Illegalität, vor dem sie sich aus eigener Kraft nicht schützen können. Viele sind verschuldet, da sie – aufgrund unethischer Rekrutierung – zunächst hohe Summen für die Vermittlung einer Arbeitsstelle vorstrecken mussten. Wenn dann noch die Löhne spät oder gar nicht gezahlt werden, sind die Arbeiter kaum jemals im Stande, die Beträge zurückzuzahlen, was schlimmstenfalls in Formen von Zwangsarbeit münden kann. Da hilft es wenig, dass Sklaverei in Katar offiziell seit der Mandatszeit (1952) abgeschafft ist.

Vielen Besuchern des Landes blieben diese Strukturen anscheinend verborgen. So sagte Franz Beckenbauer 2013 als Reaktion auf die international zunehmende Kritik an den Arbeitsbedingungen auf den Baustellen zur Vorbereitung der Fußballweltmeisterschaft 2022 zwar, er könne die besorgten Aussagen zu den hohen Temperaturen vor Ort verstehen, gleichzeitig versicherte er allerdings unschuldig, er habe dort noch keine Sklaven gesehen. Doch moderner Menschenhandel äußert sich in der Regel nicht durch sichtbare Zeichen wie das Anlegen von schweren Ketten. Die Bewegungsfreiheit wird vielmehr – nach außen unsichtbar, aber hocheffizient – dadurch eingeschränkt, dass etwa der Pass eingezogen wird. Kriminelle Vermittler machen falsche Versprechungen über Gehalt und Arbeitsbedingungen und nutzen konsequent die Notlage potenzieller Interessenten aus, um diese zu einem Aufenthalt in Katar oder einem anderen Golfstaat zu bewegen. Viele Familien stehen in ihren Heimatländern unter erheblichem wirtschaftlichem Druck und sind deshalb bereit, ein Familienmitglied in die Ferne zu schicken. Obwohl Männer und Frauen von diesen Formen der Zwangsarbeit gleichermaßen betroffen sind, ist die Situation für weibliche Haushaltshilfen besonders prekär, weil diese den Misshandlungen ihrer Arbeitgeber ungeschützt ausgeliefert sind und oft nur unter Lebensgefahr Hilfe holen können. Es gibt zahlreiche Berichte über die Erlebnisse solcher Hausangestellten; dabei reichen die beschriebenen Misshandlungen bis zur Zwangsprostitution. Die Schilderungen lassen Zweifel an der Wirksamkeit des katarischen Arbeitsrechts aufkommen, trotz einiger Reformbestrebungen in den vergangenen Jahren.

Wirkungslose Reformen?

Infolge der oben skizzierten Probleme wird Katar seit Jahren kritisch beobachtet und befindet sich auf der sogenannten «Tier 2 Watch List», einer vom US-amerikanischen Außenministerium jährlich veröffentlichten Auflistung derjenigen Staaten, die bestimmte Mindestanforderungen[22] hinsichtlich der Bekämpfung von Menschenhandel nicht einhalten. Zwar wird Katar ein guter Wille bei der Verbesserung der Zustände attestiert – andernfalls drohte ein weiterer Abstieg auf die «Tier 3 Watch List» –, doch die Arbeitsbedingungen vor Ort haben den Ruf des Golfstaates nachhaltig beschädigt. Die seitdem vorgeschlagenen und teilweise bereits umgesetzten Maßnahmen konnten internationale Nichtregierungsorganisationen wie Amnesty International oder Human Rights Watch bislang nicht überzeugen. Oft genügen die Änderungen nicht den internationalen Standards oder sie werden nicht flächendeckend und konsequent durchgesetzt. So hat sich die katarische Regierung zwar um die Aufnahme von Ermittlungen in insgesamt elf bekannt gewordenen Fällen von Menschenhandel bemüht (Stand 2015), allerdings wurden die Verantwortlichen nicht strafrechtlich verfolgt oder gar verurteilt. Stattdessen sollte eine Übertragung der Zuständigkeit für die misshandelten Arbeiter auf einen neuen Sponsor die Probleme lösen. Ein großes Interesse an der systematischen Aufklärung von Rechtsbrüchen und Ausbeutung konnte etwa Amnesty International bis zuletzt nicht feststellen.

Zwar wurden neue Institutionen zum Schutz der Arbeiter etabliert, vielen besonders gefährdeten Arbeitskräften wie Haushaltshilfen bleibt der Zugang jedoch faktisch verwehrt. Sie befinden sich in der Regel mehr oder weniger ständig im Zugriffsbereich des Arbeitgebers und können im Falle von Misshandlungen oft nur unter größter Gefahr fliehen. Immerhin wurden seit 2016 insbesondere die Auflagen für Unternehmen verschärft, die in Katar Gastarbeiter beschäftigen. Die Unterbringungssituation hat sich in der Tat für zahlreiche Arbeiter verbessert, allerdings bestehen andere Probleme fort – etwa die Erhebung unethischer Rekrutierungsgebühren, die die Betroffenen nicht selten in die Schuldenfalle und schlimmstenfalls in die Zwangsarbeit treiben. Im Jahr 2017 schloss Katar ein Abkommen mit der ILO (International Labour Organisation), die seit 2018 die Lage mit einem eigenen Büro vor Ort beobachtet und an einer Verbesserung der Arbeits- und der gesetzlichen Rahmenbedingungen mitwirken möchte. Immerhin können seit dieser Zeit Gastarbeiter das Land ohne die Erlaubnis ihres Arbeitgebers verlassen, und seit Herbst 2020 entfällt auch die Verpflichtung, vor einem Jobwechsel die Zustimmung des Arbeitgebers einzuholen – jedoch gestaltet sich die Umsetzung auch hier wieder bei den besonders vulnerablen Haushaltshilfen schwierig.

Als erster Golfstaat hat Katar 2017 auch die Einführung eines Mindestlohns angekündigt, der unabhängig von Nationalität und Branche gelten soll. Allerdings war der im gleichen Jahr als temporär festgelegte Betrag von 750 Qatari Riyal (entspricht derzeit rund 200 Euro) pro Monat angesichts der hohen Lebenshaltungskosten sehr niedrig und wurde bis heute nur moderat angehoben. Den Arbeitern stehen laut der gesetzlichen Regelung von März 2020 bis zu 800 Riyal zusätzlich zu, wenn sie von ihren Arbeitgebern weder Unterkunft noch Verpflegung erhalten. Zudem hat die Regierung angekündigt, die Inspektionen und Kontrollen deutlich zu intensivieren, um das neue Gesetz konsequent durchzusetzen. Auch soll überprüft werden, ob etwa die neu festgeschriebenen Kündigungsfristen eingehalten werden, um Arbeiter während der Probezeit zu schützen. Seit Mai 2021 sollen die Arbeiter zusätzlich regelmäßig medizinisch untersucht werden, um Misshandlungen und Gesundheitsschäden vorzubeugen. Bei sehr hohen Temperaturen sollen die Bauarbeiten ruhen. Aus der Perspektive des Arbeitsschutzes sind die bislang ergriffenen Maßnahmen in der Praxis jedoch weiterhin unzureichend oder nutzen nur einem Teil der Gastarbeiter. Bei Problemen und Verstößen drohen den Arbeitern nach wie vor drakonische Strafen. Mittlerweile sind aber auch Vorgaben und empfindliche Strafen für katarische Unternehmen vorgesehen, die die Vorschriften missachten.

6.
Wirtschaftsbeziehungen und Investitionen

Handelsverbindungen in alle Welt

Das katarische Wirtschaftswachstum der vergangenen Jahrzehnte äußert sich nicht nur im zunehmenden Wohlstand im Land, sondern auch in stabilen Handelsbeziehungen zu allen Kontinenten. Die Integration Katars in den Welthandel folgt – insbesondere seit der Thronbesteigung Hamads 1995 – dem hohen Tempo der Regierungsführung und war zu Beginn vor allem im Kontext der Öl- und Gasstrategie zu sehen. Von vornherein wurden große Gasverflüssigungsanlagen (siehe oben) mit Blick auf das Exportgeschäft gebaut, was den Ausbau einer entsprechenden Hafeninfrastruktur notwendig machte. Bis heute wird im wichtigsten Hafen des Landes (Ras Laffan) neben einigen Containern vor allem Gas umgeschlagen, während Umm Said auf Öl und anderes Massengut ausgelegt ist. Im Hafen der Hauptstadt Doha laufen hingegen vorwiegend traditionelle Holzschiffe *(Dhaus)* ein, die viele Handelsrouten innerhalb des Arabischen Golfs bedienen und dabei insbesondere den wichtigen Austausch mit Iran übernehmen. Die mitunter archaisch anmutenden Frachtkähne verkehren bis nach Südindien und rufen so in Erinnerung, dass Welthandel und Globalisierung keine Erfindungen der Neuzeit sind.

Aufgrund seiner strategisch bedeutenden Lage spielte der arabische Golf als Umschlagplatz schon im Mittelalter eine wichtige Rolle. Vor allem der Handel zwischen dem Indischen Subkontinent und Europa lief bis zur Entdeckung der neuen Seeroute um das Kap der Guten Hoffnung 1488 über die Golfregion. Die Waren kamen auf dem Seeweg aus Indien und wurden dann auf dem Landweg weiter nach Europa transportiert. Natürlich funktionierte das System auch in die andere Richtung. Gehandelt wurde dabei mit unterschiedlichsten Waren, auch mit Sklaven.[23] Katar exportierte überwiegend Datteln, Pferde, Gewürze und Perlen.

Dank der guten Seeverbindungen waren von Katar aus die indischen Hafenstädte in der Regel leichter erreichbar und somit vertrauter als fast alle großen Zentren der arabischen Welt. Indische Händler prägten das Geschäftsleben in allen großen Hafenstädten der Region, zeitweise genossen sie als Bürger des British Empire unter britischem Mandat sogar Sonderrechte, sehr zum Missfallen der lokalen katarischen Geschäftselite. Während der Monsunzeit zwischen September und April dauerte die 1700 Seemeilen weite Reise entlang der Küste zwischen Katar und Bombay mit starken Winden etwa drei bis vier Wochen, in den Sommermonate gut und gerne zwei Monate.

Bis in die zweite Hälfte des 19. Jahrhunderts blieben die Transporte in Richtung Indien bedeutsam, dann machten die schnellen und zuverlässigen Dampfschifflinien den Holz-Dhaus starke Konkurrenz. Ab 1860 verkehrte die British India Steam Navigation Company im Zweiwochen-Takt zwischen Indien und der Golfregion. Dennoch blieben die traditionellen Holz-schiffe auch für den internationalen Handel bis in die 1950er-Jahre relevant. Erst im Zuge des Öl-Booms und der bald einset-zenden rasanten wirtschaftlichen und baulichen Entwicklung wurden immer mehr Waren aus immer ferneren Regionen be-nötigt. Die Besatzungen der Dhaus heuerten in großer Zahl auf den Ölfeldern an und die Transportaufgaben übernahmen fortan vornehmlich internationale Großreedereien. Im regiona-len Handel haben die Holzschiffe – nun jedoch zuverlässig mo-torisiert – noch immer ihren festen Platz.

Heute ist Katar freilich auch überregional bestens vernetzt und unterhält besondere Verbindungen nach Fernost. Japan und Südkorea sind die bedeutendsten Adressaten katarischer Roh-stoffexporte (nach Angaben von Germany Trade and Invest zu-sammen fast 40 Prozent im Jahr 2017), aber auch Indien, China und Singapur sind wichtige Kunden. Mit rund 4,5 Prozent ist Großbritannien der größte europäische Abnehmer. Bei der Wa-reneinfuhr führen China und die Vereinigten Staaten von Ame-rika die Liste der Handelspartner an (zusammen gut 20 Prozent der Gesamtimporte). Deutschland liefert immerhin 7,5 Prozent der Güter, aber auch Japan, Großbritannien und Italien haben einen signifikanten Anteil. Vor der von Saudi-Arabien initiierten Blockade unterhielt Katar zudem wichtige Handelskontakte zu den Vereinigten Arabischen Emiraten und importierte fast 10 Prozent der Waren von dort, wobei es sich zum Teil um Re-exporte insbesondere landwirtschaftlicher Produkte aus Dritt-staaten handelte. Inzwischen kommen diese direkt vor allem aus der EU und den USA. Bemerkenswert ist der hohe Grad an Differenzierung, was die katarischen Handelspartner angeht: Über 40 Prozent der Importe und noch fast 30 Prozent der Ex-porte verteilen sich auf «übrige Länder», was Rückschlüsse auf ein sehr weit gefächertes Handelsnetzwerk zulässt.

Wie viele andere Staaten, die Öl oder Gas exportieren, verfügt Katar über eine stark ausfuhrorientierte Wirtschaft und somit über ein strukturelles Handelsplus. Nicht zuletzt aufgrund der Blockade und der zunehmenden überregionalen Importe hat sich die Bilanz ein wenig verschoben, allerdings ohne die bestehende wirtschaftliche Abhängigkeit von Öl- und Gaseinnahmen nennenswert zu reduzieren. Um die Staatseinnahmen angesichts mühsamer und zäher Strukturreformen im Land schnell und effektiv zu diversifizieren und das Budget so gegen einen Abfall der Rohstoffpreise abzusichern, werden die Überschüsse aus dem Öl- und Gasgeschäft über einen staatlichen Investmentfonds (Sovereign Wealth Fund) in Unternehmen auf der ganzen Welt angelegt. Dem Vorbild anderer rohstoffreicher Staaten folgend, wählt Katar seine Beteiligungen strategisch aus, um am globalen Wirtschaftswachstum teilzuhaben und anteilig von der Produktivität und Innovation in den großen Industriestaaten zu profitieren.

Das Emirat als Investor

Staatliche Investmentfonds sind mittlerweile weit verbreitet, 2018 wurden auf diese Weise weltweit knapp acht Billionen US-Dollar verwaltet. Durch die Investitionen im Ausland wird eine Überhitzung der einheimischen Wirtschaft vermieden, gleichzeitig bietet sich eine hervorragende Möglichkeit, die Staatseinnahmen zu diversifizieren und gegen nationale oder regionale Konjunktureinbrüche abzusichern. Diese Vorteile wiegen in der Golfregion schwer, in der das Staatsbudget von aktuellen Rohstoffpreisen besonders abhängig ist. Daher spielen Staatsfonds in den Golfmonarchien traditionell eine zentrale Rolle, um die

Gewinne aus der Förderung und dem Export von Rohstoffen wirtschaftlich sinnvoll und nachhaltig anzulegen. Aktuell nutzen etwa hundert Staaten dieses Investitionsmodell. Norwegen und China unterhalten mit jeweils rund einer Billion US-Dollar die größten staatlichen Fonds. So ist der älteste Staatsfonds der Welt,[24] die 1953 gegründete Kuweit Investment Authority, in der Golfregion zu Hause und belegt heute international Rang 4 der Fonds dieser Art – direkt hinter der Abu Dhabi Investment Authority. Das Investitionsvolumen beträgt knapp 700 respektive knapp 600 Milliarden Dollar.

Als die katarische Führung 2005 die Qatar Investment Authority (QIA) ins Leben rief, stattete sie den Fonds ebenfalls sofort mit einem großzügigen Kapitalstock von mehreren Hundert Milliarden US-Dollar aus, um den volkswirtschaftlichen Verwundbarkeiten effektiv begegnen und auch stärkere nationale wirtschaftliche Einbrüche auffangen zu können. Im Jahr 2019 verwaltete die QIA rund 330 Milliarden US-Dollar und befindet sich damit ebenfalls unter den weltweiten Top Ten (Rang 9). Damit übersteigt das im Fonds organisierte Volumen die eigentliche Wirtschaftsleistung des Landes deutlich: Das Bruttoinlandsprodukt betrug 2018 gut 191 Milliarden US-Dollar.

Die von der QIA getätigten Investitionen sind dabei äußerst vielfältig und mittlerweile auch sehr komplex, da mit der Zeit ein dichtes Geflecht aus Firmen und Investitionsinstrumenten entstanden ist, um die Anlagen zu verwalten. Trotz der teilweise unübersichtlichen Beteiligungsstrukturen sind geographische Schwerpunkte der Aktivität auszumachen. Deutschland spielt als Zielland für Investitionen eine ganz zentrale Rolle, weshalb Katar im Laufe der Jahre zu einem bedeutenden Akteur der deutschen Wirtschaftslandschaft wurde. So hielt beispielsweise die zur QIA gehörende Qatar Holding von 2009 bis 2013 10 Prozent der Porsche-Stammaktien. Heute ist Katar mit

17 Prozent der Stimmrechte an Volkswagen beteiligt und gehört damit zu den größten Verlierern der jüngsten Diesel-Skandale im VW-Konzern. Auch Anteile von Siemens, der Deutschen Bank und der Reederei Hapag-Lloyd (12,3 Prozent) befinden sich in katarischem Besitz. Den bedeutendsten Verlust in Deutschland musste Katar als Investor des mittlerweile insolventen Solarmodulherstellers Solarworld verkraften. 2010 stieg die QIA nach Vermittlung durch Bundeskanzlerin Angela Merkel auch mit 9,1 Prozent bei der deutschen Hochtief AG ein, was aufgrund der damals drohenden Übernahme durch den spanischen Branchenriesen Grupo ACS von der deutschen Politik sehr geschätzt wurde.[25] Schließlich hält sich Katar als Investor zumeist aus dem Tagesgeschäft zurück und strebt keinen Einfluss auf die operative Geschäftstätigkeit an. Die Beteiligung dient vielmehr der langfristigen Geldanlage in der Hoffnung auf eine Wertsteigerung im Verlauf der Jahre. Nach einer gewissen Haltedauer werden die Anteile wieder am Markt platziert und verkauft.

Trotzdem wird das Wirken Katars als Miteigentümer wichtiger deutscher Unternehmen oft mit gemischten Gefühlen verfolgt und kritisch kommentiert. Neben sachlich nachvollziehbaren wirtschaftspolitischen Argumenten, die in der Regel den Umgang mit ausländischen Direktinvestitionen allgemein oder die Rolle von staatlich gesteuerten Fonds thematisieren, mischen sich auch hin und wieder Vorurteile und Klischees in die Berichte. Dabei geht es meist nicht um die naheliegende ethische Frage, ob mit autoritär regierten Staaten wie Katar Handel getrieben und wirtschaftliche Kooperation angestrebt werden soll – diese Frage beantwortet Deutschland schließlich jeden Tag aufs Neue mit deutlicher Zustimmung, auch in besonders sensiblen Bereichen wie etwa in der Rüstungsindustrie. Stattdessen zeigt mancher Bericht Anzeichen einer latent (neo-) kolonialistischen Perspektive: Immer wieder wird auf das Klischee des schwerreichen Ölscheichs gebaut, der zwar über sehr viel Geld, jedoch nicht über Bildung, wirtschaftliche Erfahrung und rationale Entscheidungsinstrumente verfügt. Dieser Sichtweise folgend, werden arabische Geschäftspartner regelmäßig als inkompetent, sprunghaft und naiv dargestellt. Dass den Handlungen des Gegenübers eine andere (und nicht keine) Rationalität zugrunde liegt und manche von der westlichen Norm abweichende Verhandlungsstrategie auch zu effektiven Lösungen führen kann, wird nur selten genauer betrachtet.

Auch wenn solche Positionen in der Regel nicht explizit gemacht werden und die jeweiligen Redner und Autoren auf eine offen rassistische Sprache verzichten, prägen sie die Wahrnehmung Katars und anderer Staaten der Region in Deutschland erheblich mit. Wie Jeremias Kettner in seiner Untersuchung der deutsch-katarischen Wirtschaftsbeziehungen festgestellt hat, stützen sie sich dabei auf Vorurteile gegenüber einer fiktiven «arabischen Mentalität», die mit Vetternwirtschaft und Korruption gleichgesetzt wird. Dass diese Kritikpunkte im Falle Katars nicht ausgeräumt werden können, ändert nichts an der Tatsache, dass das Land 2021 mit 63 von 100 Punkten auf dem Korruptionswahrnehmungsindex der renommierten Nichtregierungsorganisation Transparency International den ehrenwerten 31. Platz (von 180) erreichte. Damit liegt Katar gleichauf mit Staaten wie Portugal und Taiwan. Darüber hinaus unterstellen insbesondere Vertreter der deutschen Industrie den katarischen Kunden oft fehlende Kenntnis der Produktqualitäten. Letztere wissen jedoch in der Regel sehr genau um die Beschaffenheit und Qualität unterschiedlicher Produkte, geben allerdings angesichts starker Konkurrenz aus Asien nicht immer deutscher Wertarbeit den Vorzug. Um dies zu veranschaulichen, reicht ein Blick auf das Straßenbild in Doha und anderen Hauptstädten der arabischen Welt: Der Toyota Landcruiser und nicht etwa ein amerikanischer oder deutscher Geländewagen ist die automobile Ikone des Mittleren Ostens. Das liegt in Ländern mit extrem hohem Pro-Kopf-Einkommen wahrscheinlich nicht nur an den vergleichsweise niedrigen Unterhaltskosten. Beim Bau der Stadtbahn in Doha beispielsweise setzte Katar hingegen regelmäßig auf deutsche Spezialfirmen, die nach wie vor im Land Geschäftsmöglichkeiten vorfinden.

Nicht nur in Deutschland tritt Katar regelmäßig als großer Investor in Erscheinung, mit anderen Staaten gibt es teilweise noch weiter reichende Abkommen. So vereinbarten Katar und Luxemburg 2011 eine strategische Partnerschaft, in deren Rahmen der Golfstaat zunächst in das Luftfahrtunternehmen Cargolux sowie in den Satellitendienstleister SES Astra einstieg. Über eine von der Herrscherfamilie kontrollierte Beteiligungsgesellschaft wurde zudem eine luxemburgische Privatbank von der belgischen KBC Bankengruppe übernommen. Im Zuge der Aufspaltung des belgischen Finanzkonzerns Dexia kaufte die gleiche Gesellschaft später auch 90 Prozent der Banque Internationale à Luxembourg (Dexia BIL), die restlichen 10 Prozent werden vom luxemburgischen Staat gehalten. Als Beispiel für die großen internationalen Deals steht die Beteiligung der QIA am russischen Energiekonzern Rosneft. Im September 2017 reduzierte Katar seine Quote, um zusammen mit dem schweizerischen Rohstoffunternehmen Glencore Anteile an die CEFC China Energy Company zu verkaufen. Durch solche Transaktionen werden immer wieder Gewinne gesichert und zumeist anschließend international reinvestiert.

Besonders großer Beliebtheit als Investitionsziel erfreut sich die britische Hauptstadt London, was auch an den traditionell engen Verbindungen zwischen Großbritannien und der Familie Al Thani[26] liegen mag. Mit dem Wolkenkratzer The Shard und dem weltbekannten Kaufhaus Harrods gehören dem katarischen Staatsfonds zwei Wahrzeichen der Metropole. Auch Privatpersonen aus dem Umfeld des Herrschers sind in London als Investoren aktiv – zu Beginn des Jahres 2020 erwarb etwa ein Schwager des Emirs das Luxushotel The Ritz. Doch nicht nur die Vorliebe für teure Immobilien mit Wiedererkennungswert hat die katarische Herrscherfamilie mit Oligarchen und anderen Großinvestoren gemein: Nachdem 2003 der russisch-israelische Geschäftsmann Roman Abramowitsch den Premier-League-Fußballverein FC Chelsea erworben hatte, kaufte 2011 die Qatar Sports Investment den hoch verschuldeten Verein Paris Saint-Germain,[27] der seitdem durch den Transfer von Spitzenspielern von sich reden macht. Auch mit anderen Clubs wurden in der Folge Verhandlungen geführt und teilweise (u. a. Sponsoren-) Verträge geschlossen. Beim Anblick der farbenfrohen Sportwagen mit katarischen Kennzeichen, die vor allem in den Sommermonaten in den Straßen von London herumfahren, kann der Eindruck entstehen, Sportvereine seien nur ein neues kostenintensives Hobby für wohlhabende Mitglieder der Herrscherfamilie. Ein Meistertitel des eigenen Vereins mag noch immer eine ultimative Genugtuung für Milliardäre sein, für den Staat Katar ist er jedoch zuvorderst ein außenpolitisches Instrument, wie der folgende Abschnitt zeigt.

7.
Katar auf dem diplomatischen Parkett

I n Anbetracht seiner begrenzten Landesfläche und Einwohnerzahl konnte Katar nach der Staatsgründung 1971 nicht gerade als außenpolitisches Schwergewicht gelten. Zwar verfügt das Land dank seines Rohstoffreichtums über finanzielle Polster, diese sind jedoch – wie oben gezeigt – nur bedingt als krisenfest zu betrachten. Die militärische Bedeutung Katars bleibt trotz relativ hoher Verteidigungsausgaben überschaubar, derzeit dienen in den Streitkräften rund 12 000 Personen, von denen 8500 im Heer und jeweils 1500 bis 2000 in Luftwaffe und Marine eingesetzt werden.[28] Männliche Staatsangehörige zwischen 18 und 35 Jahren müssen 4 bis 12 Monate Wehrdienst leisten, können dabei aber ihre Ausbildung oder berufliche Situation als Begründung nutzen, um die Zeit zu reduzieren. Frauen steht die Armee grundsätzlich ebenfalls offen, sogar Positionen wie Jet-Pilotin oder Offizierin sind vorgesehen. Bislang liegen aber keine Zahlen über weibliche Mitglieder der katarischen Streitkräfte vor und auch die Öffnung für Frauen ändert nichts an der Tatsache, dass bei jeder signifikanten Aufstockung des Personals auf – teilweise eingebürgerte – Immigranten zurückgegriffen werden muss. Nach aktuellen Schätzungen stammen nur rund ein Drittel des militärischen Personals selbst aus Katar. Trotzdem war Katar immer wieder an gemeinsamen Militäraktionen beteiligt und stellte beispielsweise bis zur diplomatischen Krise 2017 rund tausend Soldaten und zehn Flugzeuge für die von Saudi-Arabien geführte Militärintervention gegen die Houthi-Rebellen im Jemen zur Verfügung.

Um die angesichts mächtiger Gegner teils mutig anmutende Außenpolitik Katars verständlich zu machen, muss man die zentrale Bedeutung des US-katarischen Verteidigungsabkommens aus dem Jahr 1992 hervorheben. Denn Emir Hamads Politik der Öffnung wurde vor allem dadurch ermöglicht, dass die im Abkommen angelegte Sicherheitsgarantie durch die USA über die Jahre konsequent mit Leben erfüllt wurde. Im Laufe der 1990er-Jahre ließ die Regierung des Golfstaates 30 Kilometer westlich von Doha mit großem finanziellen Aufwand die al-Udeid-Luftwaffenbasis errichten und baute diese zielstrebig aus, obwohl das Land zu dieser Zeit noch nicht über eine eigene Luftwaffe verfügte. Die Investition stellte sich dennoch als äußerst weitsichtig heraus, denn sie ermöglichte 2002 den Umzug des Hauptquartiers des US Central Command for the Middle East (CENTCOM) von Saudi-Arabien nach Katar. Bereits 2001 nutzte die US Air Force die zum damaligen Zeitpunkt noch geheime Basis für Operationen im Afghanistan-Krieg, mittlerweile sind dort über 10 000 amerikanische Soldaten und rund 100 Flugzeuge stationiert. Die große Basis ermöglicht zudem diskrete Ein- und Ausflüge hoher Regierungsmitglieder und Beamter, ohne diplomatische Aufmerksamkeit zu erregen. Die ständige Präsenz amerikanischer Truppen, deren Kosten nach Schätzungen zu rund 60 Prozent von Katar getragen werden, schützt den

Wohlstand des Emirats vor unerwünschten Zugriffen der Nachbarstaaten und erlaubt eine freiere Gestaltung seiner Außenpolitik, insbesondere in der Golfregion und im Nahen Osten. Auch Großbritannien hat vor Ort Soldaten und Transportflugzeuge stationiert.

In jüngerer Zeit war jedoch auch die Führung Katars mit den teils erratischen Entscheidungen der Trump-Regierung konfrontiert und musste die Belastbarkeit und Zukunftsfähigkeit der bestehenden Vereinbarungen mit den Vereinigten Staaten von Amerika prüfen. Bereits unter Donald Trumps Vorgänger Barack Obama verschoben die USA ihren weltpolitischen Fokus vom Mittleren hin zum Fernen Osten und richteten ihre Aufmerksamkeit zunehmend auf Südostasien. In diesem Kontext ist auch die verstärkte Partnerschaft Katars mit der Türkei zu sehen, die seit 2016 ebenfalls einen Militärstützpunkt in Doha unterhält. Die Beziehungen zur Türkei wurden seit der Blockade 2017 aufgrund der aus katarischer Perspektive wenig hilfreichen Rolle der USA erheblich ausgedehnt und werden möglicherweise in den kommenden Jahren weiter an Bedeutung gewinnen. Zwischenzeitlich waren nach katarischen Angaben bis zu 5000 türkische Soldaten im Land stationiert.

Ganz bewusst zwischen den Stühlen

Vor dem Hintergrund des US-amerikanischen Schutzschirmes entwickelte Emir Hamad – zusammen mit wenigen engen Vertrauten wie seinem Cousin und Außenminister Hamad bin Jassim – ein neues außenpolitisches Profil für Katar, das sich von der vorsichtigen Regionalpolitik seines Vaters und Vorgängers gravierend unterschied. Während Emir Khalifa analog zu den anderen kleinen Golfmonarchien eine auf Konsens ausgerichtete Strategie im Windschatten Saudi-Arabiens verfolgte, nutzte Hamad die durch den amerikanischen Schutz erlangten Freiheiten, um eine eigenständige Strategie zu entwickeln. Er setzte auf den gezielten Bruch regionaler diplomatischer Tabus, um sich innerhalb der Golfregion zu emanzipieren und sich überregional sichtbar zu machen. Vermehrt forderte Katar die Rolle des internationalen und interkulturellen Vermittlers für sich ein und baute entschlossen seine Brücken zu diametral entgegengesetzten Akteuren und Positionen aus.

Diese Initiativen verschafften dem Land ein zwiespältiges Image bei anderen arabischen Staaten und auch international wurde der enge Kontakt zu teilweise als islamistisch oder gewaltbereit eingestuften Partnern mit Sorge betrachtet. Doch trotz kritischer Reaktionen trug der kalkulierte Skandal letztlich zur weltweiten Wahrnehmung Katars als engagierter internationaler Akteur bei und legte auch die Grundlagen für die Mediationsinitiativen der späten 1990er- und der 2000er-Jahre. So besteht das größte Potential des Landes als Vermittler in der beeindruckenden Vielfalt seiner internationalen Beziehungen, in seinen engen wirtschaftlichen und politischen Kontakten nach Europa und Nordamerika, seinem direkten Draht zu Bürgerkriegsparteien in Syrien oder Libyen sowie seinen Verbindungen nach Israel und Iran. Dieses für einen Kleinststaat mit beschränkter personeller Ausstattung und ohne nennenswertes militärisches Gewicht beeindruckende weltumspannende Netzwerk macht Katar zu einem interessanten, wenn auch teils schwierigen Partner.

Es ging Emir Hamad jedoch nicht nur darum, westliche Industriestaaten auf sich aufmerksam zu machen und sich als konstruktiver und agiler Partner im arabischen Raum darzustellen. Gleichzeitig sollte durch die Bildung vielfältiger Allianzen und das Beschreiten neuer Wege der Respekt der anderen Staatsoberhäupter in der Region gefördert werden, die seiner Regierung ablehnend gegenüberstanden. Damit griff Hamad eine Strategie auf, die ihm bereits innenpolitisch bei der Machtergreifung gute Dienste geleistet und letztlich zu einer breiten Akzeptanz in der katarischen Bevölkerung geführt hatte: Nachdem er geschickt Netzwerke geknüpft hatte, waren kaum merklich immer mehr Unterstützer des damals amtierenden Emirs zu ihm übergelaufen, bis das Gleichgewicht zu seinen Gunsten kippte. Ab der Jahrtausendwende zeichnete sich dann auch außenpolitisch eine erfolgreiche Neupositionierung ab, die trotz fortbestehender Vorbehalte von den anderen Golfstaaten geduldet wurde. So kam es im Jahr 2002 zur Ernennung eines katarischen Diplomaten zum Generalsekretär des Golf-Kooperationsrats, der das Amt bis ins Jahr 2011 behielt. Zwischen 2000 und 2003 hatte Katar zudem den Vorsitz in der Organisation of the Islamic Conference,[29] in der mehrheitlich muslimische Staaten ihre gemeinsamen Interessen definieren und diskutieren. Innerhalb der Organisation der Liga der arabischen Staaten übernahm der damalige Premier- und Außenminister Hamad bin Jassim die Rolle des Vorsitzenden des interministeriellen Komitees für Frieden im Nahen Osten. Dass Hamad bin Jassim als Regierungschef auch das Außenressort verantwortete, während sein Vorgänger im Amt des Premierministers zugleich Innenminister war, unterstrich erneut die gestiegene Bedeutung internationaler Angelegenheiten bei der katarischen Führung.

Auch außerhalb der arabischen Welt wurde das kleine Emirat zunehmend sichtbar. So übernahm das Land 2004 den Vorsitz der sogenannten G77-Gruppe ehemals blockfreier Staaten in den Vereinten Nationen. Nur ein Jahr später wurde die internationale Anerkennung, die Katar und seiner eigenständigen Außenpolitik entgegen gebracht wurde, durch die Wahl als nichtständiges Mitglied in den Sicherheitsrat der Vereinten Nationen gekrönt. Auch Israel unterstützte damals die katarische Bewerbung, ein Novum für einen arabischen Staat. Im Sicherheitsrat brachte sich das Emirat in den Jahren 2006 und 2007 in viele internationale Debatten ein und nutzte diese Zeit konsequent, um sein diplomatisches Profil weiter zu schärfen und seine weltweite Bekanntheit zu vergrößern.

Die neue Rolle als Mediator

Im Zentrum des internationalen Wirkens steht die Vermittlung, die vor allem in der arabischen Welt mit einem großen Prestige verbunden ist, geht sie doch auf die legendäre Mediation des Propheten Mohammed in der Stadt Medina zurück. Dieser vermittelte zwischen den verfeindeten Stämmen und nutzte anschließend seinen Erfolg für eine Ausweitung seines Machtbereichs. An diese ruhmreiche Geschichte möchte Katar mit seinen außenpolitischen Aktivitäten anknüpfen. Gerade die Konflikte in Nahost, im Jemen und im Sudan boten dem Emirat die Gelegenheit, der noch jungen Verfassung des Landes und darin besonders Artikel 7 Leben einzuhauchen. Dort heißt es, der Staat möge sich für die Stärkung des internationalen Friedens und der internationalen Sicherheit einsetzen und auf friedliche Formen der Konfliktlösung hinwirken. Damit gehört Katar zu den wenigen Staaten, die einen solchen Passus in ihrer Verfassung verankert haben, was das Selbstverständnis des Landes als internationaler Vermittler nochmals unterstreicht.

Insbesondere seit den Terrorangriffen vom 11. September 2001 bemühte sich der kleine Golfstaat intensiv um einen interreligiösen Dialog, um dem drohenden «Kampf der Kulturen» zu begegnen und sich als effektives Bindeglied und Kommunikationsorgan zwischen Orient und Okzident zu etablieren. In diesen Bemühungen war Katar damals nicht allein: Auch andere Staaten der Region wie die Vereinigten Arabischen Emirate, der Oman oder Bahrein präsentierten sich als tolerante Gesellschaften, die an einer Überwindung der kulturellen Gräben mitwirken. Selbst Saudi-Arabien finanzierte hochrangige internationale Dialogforen, um sich als Vertreter eines «moderaten» Islam und Gegner des religiösen Fundamentalismus zu zeigen. Tatsächlich gehörte das Königreich damals zu den konsequentesten Bekämpfern des jihadistisch inspirierten Terrors von al-Qaida, standen doch die Personen und Institutionen des Königshauses auf der Liste der möglichen Anschlagsziele weit oben. Nach einer Anschlagswelle im Jahr 2004, die Einrichtungen der Ölinfrastruktur sowie das Innenministerium zum Ziel hatte, wurden al-Qaida-Anhänger dort konsequent verfolgt. Die Führungsriege der Terrororganisation zog sich daraufhin zwar in das Nachbarland Jemen zurück, doch tat sich die saudische Regierung angesichts des vorherrschenden religiösen Konservatismus im Land schwer, sich nach außen als glaubhafter Vertreter eines modernen, auf Toleranz aufbauenden Islamverständnisses darzustellen. Hier präsentierte sich Katar für den Westen als neuer Partner für interkulturelle Kooperationen und vermarktete sich international als die Heimat eines im regionalen Vergleich toleranten und somit aus westlicher Sicht erstrebenswerten Islam.

Vor allem im Kontext des seit Jahrzehnten ungeklärten Konfliktes zwischen Israel und Palästina versuchte das Emirat als agile und zeitgemäße Alternative zu den traditionellen Vermittler-Schwergewichten in der Region aufzutreten und Ägypten und Saudi-Arabien ihren regionalen Rang abzulaufen. Bereits ein Jahr nach der Amtsübernahme Hamads verkündete Katar

1996 die Eröffnung einer israelischen Handelsvertretung in Doha. Damit erkannte das Land als erster Golfstaat den Staat Israel zumindest implizit an und richtete offene und direkte Gesprächskanäle ein, was der Aufnahme offizieller diplomatischer Beziehungen sehr nahe kommt. Der Empfang hochrangiger Staatsbesuche aus Israel führte allerdings zu skeptischen und teils heftig ablehnenden Reaktionen der anderen Mitgliedsstaaten des Golfkooperationsrates. Dass Katar gleichzeitig – nicht zuletzt aufgrund des gemeinsam ausgebeuteten Gasfeldes – besonders enge Kontakte zum Iran und zur iranisch unterstützten Hisbollah im Libanon pflegte und den Iran 2007 sogar zu einem von Katar ausgerichteten Treffen des Golf-Kooperationsrats einlud, trug nicht gerade zur Besänftigung der anderen Golfmonarchien bei, die im Iran den größten machtpolitischen Gegner sehen und sich daher immer wieder katarischen Initiativen in den Weg stellten.

Auch massive Investitionen in die palästinensische Infrastruktur und engagierte Bemühungen, die Beziehungen zwischen Israel und den arabischen Staaten zu normalisieren, blieben rückblickend relativ fruchtlos. So scheiterte etwa der Versuch, Vertreter der israelischen Regierung mit Hamas und Hisbollah in Doha an den Verhandlungstisch zu bringen, am breiten diplomatischen Widerstand, werden beide Organisationen zum Beispiel in den USA doch als Terrororganisation geführt (siehe nächster Abschnitt). Nach dem Wiederaufflammen des Konfliktes und israelischen Angriffen auf den Hamas-regierten Gaza-Streifen organisierte Katar 2009 ein Gipfeltreffen der Arabischen Liga in Doha. Dieses war jedoch von vornherein zum Scheitern verurteilt, weil es von Ägypten und Saudi-Arabien boykottiert wurde, die als Begründung Differenzen im Gaza-Konflikt angaben.

Im Libanon hingegen war die katarische Vermittlung 2008

von Erfolg gekrönt, als nach einem langen politischen Konflikt ein Abkommen zwischen der libanesischen Regierung und der vom Iran unterstützten Hisbollah zustande kam und ein von allen akzeptierter Kandidat für die Nachfolge des Staatspräsidenten präsentiert werden konnte.[30] So konnte ein erneutes Abrutschen des Landes in einen Bürgerkrieg in letzter Minute verhindert werden, nachdem zuvor etliche Vermittlungsversuche seitens anderer Akteure – Saudi-Arabien zum Beispiel wurde von der Hisbollah als zu parteiisch abgelehnt – gescheitert waren. Allein Katar hatte dank seiner engen Kontakte zum Iran und zum Westen guten Zugang zu allen relevanten Konfliktparteien. Zudem hatte das Emirat zuvor im Libanon nach Jahrzehnten des Krieges Wiederaufbauhilfe geleistet und sich so bei vielen Beteiligten den Ruf eines verlässlichen Unterstützers erworben.

Auch im Jemen, im Konflikt zwischen Zentralregierung und Houthi-Rebellen im Norden des Landes, unternahm Katar einige Vermittlungsversuche, die in einem Abkommen zwischen den Konfliktparteien mündeten, das jedoch kurz darauf durch saudische Militäraktionen obsolet wurde. Später beteiligte sich das Emirat selbst an den saudisch geführten militärischen Operationen gegen die Aufständischen. Im Darfur-Konflikt im Sudan konnten zwar ebenfalls in Verhandlungen kleine Annäherungen erreicht werden, aber unmittelbar darauf flammte der Konflikt wieder auf.

An den Beispielen zeigen sich die begrenzten Möglichkeiten dieser Mediationspolitik, die auf ein geopolitisch günstiges Umfeld angewiesen ist, um nicht etwa an handfesten Machtinteressen größerer Staaten zu scheitern: Während Katar in Israel und Palästina, im Jemen und im Sudan vergleichsweise wenig internationale diplomatische Rückendeckung erfuhr, war das erfolgreiche Engagement im Libanon 2008 vor allem von westlichen

Partnern wie Frankreich diplomatisch stark unterstützt worden. Dieses Muster sollte sich 2021 beim internationalen Truppenabzug aus Afghanistan wiederholen: Erneut konnte Katar – dank internationaler Unterstützung – ein prestigeträchtiges Abkommen erreichen. Allerdings stören sich viele Partner des Emirats an den engen Beziehungen des Landes zu teilweise als extremistisch und gewaltbereit eingestuften Organisationen. Eine genauere Betrachtung der katarischen Verbindungen zeigt im Folgenden die spezifischen Schwierigkeiten auf.

Umstrittene Partner

Ein wichtiger Streitpunkt betrifft den Umgang mit den Organisationen Hamas (Gaza-Streifen) und Hisbollah (Libanon, Iran) sowie die katarischen Kontakte zu anderen als islamistisch oder terroristisch eingestuften Bewegungen auf der ganzen Welt. 2014 bezeichnete der israelische Botschafter bei den Vereinten Nationen Katar sogar als «Club Med für Terroristen». So eröffneten die afghanischen Taliban 2012 ein Verbindungsbüro in Doha, und auch die palästinensische Hamas unterhielt dort bis 2018 eine Vertretung. Hamas-Führungsfigur Khaled Mashal scheint sich auch weiterhin von Katar aus um die internationalen Angelegenheiten der Hamas zu kümmern. Im von islamistischen Kämpfern beherrschten Norden Malis war in den frühen 2010er-Jahren eine Organisation aus Katar offiziell die einzige dort tätige internationale Nichtregierungsorganisation. Zusammen mit der Unterstützung für den Muslimbrüdern nahestehende Organisationen und Gruppen sorgte die katarische Umtriebigkeit international bei vielen Regierungen für Irritationen und Feindseligkeit.

Besonders Katars wachsender Einfluss im Gaza-Streifen und in anderen Konfliktgebieten des Nahen und Mittleren Ostens wurde international mit Misstrauen und Sorge betrachtet. 2012 war das Emirat sogar der größte Geldgeber für den Gaza-Streifen und überholte damit die Vereinigten Staaten von Amerika und die Europäische Union. Außerdem sorgt neben einem katarischen Verbindungsbüro auch die Anwesenheit von al-Jazeera-Korrespondenten für einen engen Austausch mit Gaza. Westliche Staaten profitieren angesichts schwacher eigener Präsenz vor Ort von diesen Kommunikationskanälen. Auch Israel sucht nach wie vor den Austausch mit Doha, was Beobachtungen von Flugbewegungen halb geheimer israelischer Regierungsmaschinen auf dem Flughafen Doha nahelegen.

Inwieweit die Hamas als demokratisch gewählte Regierungspartei in Gaza als «Terrororganisation» bezeichnet werden sollte, ist international stark umstritten. Zwar wird sie von den Vereinigten Staaten seit 1997 als solche klassifiziert, doch einmal mehr bestätigt sich hier eine alte Beobachtung: Des einen Freiheitskämpfer ist des anderen Terrorist. So werden etwa Khaled Mashal, eine Führungsfigur der Hamas, oder Yusuf al-Qaradawi, ein in Ägypten zu lebenslanger Haft verurteilter spiritueller Führer der Muslimbruderschaft, immer wieder als Beispiele für die Beherbergung international gesuchter Terroristen in Katar angeführt. Die Verwendung des Labels «Terrorist» ist an dieser Stelle jedoch stark politisch motiviert. In Deutschland ist die Hisbollah als politische Gruppierung erst seit April 2020 verboten, die Hamas bislang nicht.

Die engen Verbindungen zu den afghanischen Taliban zahlten sich im Sommer 2021 nicht nur für Katar aus, denn das Verbindungsbüro wurde spätestens seit 2018 auch von westlichen Diplomaten für den Austausch mit den Taliban genutzt. Im Oktober 2018 kam es in Doha zu den ersten persönlichen Gesprächen zwischen amerikanischen Regierungsvertretern und den afghanischen Taliban. Das Abkommen über den Truppenabzug wurde ebenfalls in Doha ausgehandelt und verkündet. Am 31. August 2021 zog die US-amerikanische Botschaft in Kabul schließlich komplett nach Doha um, und seit November 2021 vertritt eine Abteilung der katarischen Botschaft in Kabul die Interessen der Vereinigten Staaten. Auch bei der Evakuierung anderer Einrichtungen im chaotischen August 2021 zeigte sich Katar hilfsbereit und organisierte die Ausreise von insgesamt sechzigtausend Menschen aus Afghanistan. Darunter befanden sich auch hundert deutsche Staatsangehörige und Ortskräfte der deutschen Vertretungen in Kabul.

Der «Arabische Frühling» und Verbindungen zur Muslimbruderschaft

Unter dem Begriff «Arabischer Frühling» wird gewöhnlich eine Reihe von revolutionären Ereignissen in arabischen Ländern 2011 und in den Folgejahren zusammengefasst. Allerdings stellen sich die Situation und die Konstellation der Beteiligten in den verschiedenen Ländern höchst unterschiedlich dar, weshalb allgemeine Aussagen über den «Arabischen Frühling» in der Regel kaum möglich sind. Stattdessen sollte grundsätzlich jeder Staat der Region einzeln betrachtet werden. Während sich andernorts die Bevölkerung gegen die Regierung auflehnte, blieb es in Katar sehr ruhig. Auch in den meisten anderen Golfstaaten (außer Bahrein) nahm die Protestbewegung kaum Fahrt auf und verschwand schnell wieder von der Bildfläche. Dies wird im Allgemeinen mit dem bemerkenswerten Wohlstand und somit einer großen Zufriedenheit der Bevölkerung erklärt. Die sozialen Probleme im Land betreffen in der Regel nur die Gastarbeiter, die sich aus Furcht vor Repression und Ausweisung meist nicht an Demonstrationen beteiligen.

Die Kritiker der katarischen Diplomatie ohne Berührungsängste sahen sich mehrheitlich bestätigt, als das Land im Zuge des Geschehens von 2011 seine außenpolitische Strategie anpasste: Während zuvor stets ein Ausgleich der Interessen und direkte Gespräche zwischen den Konfliktparteien zu den katarischen Maximen gehörten, ergriff das Land nun zunehmend Partei und suchte aktiv die jeweiligen Entwicklungen vor Ort zu beeinflussen. Dies äußerte sich darin, dass Katar zum Beispiel in Tunesien, Ägypten und Syrien islamistisch-oppositionelle Protestbewegungen und -parteien finanziell und politisch unterstützte. Ihnen traute Katar am ehesten eine Stabilisierung und einen von der Bevölkerung unterstützten Wiederaufbau zu. An den Operationen der NATO-geführten internationalen Koalition zur Entmachtung des libyschen Diktators Muammar al-Gaddafi war Katar mit sechs Kampfjets auch militärisch beteiligt. Zur Ausbildung von oppositionellen Milizen vor Ort kamen zudem Spezialeinheiten des Emirats zum Einsatz.

Auch in Ägypten unterstützte Katar einen Regimewechsel mit flankierenden finanziellen und strategischen Maßnahmen mit der Folge, dass im Juni 2012 Mohammed Mursi, der damalige Vorsitzende der Freiheits- und Gerechtigkeitspartei der ägyptischen Muslimbruderschaft, in international anerkannten freien Wahlen zum fünften Staatspräsidenten Ägyptens gewählt wurde. Nun konnte das Emirat seine zuvor jahrelang sorgfältig gepflegten Kontakte zum Umfeld der Muslimbruderschaft in exzellente Regierungsbeziehungen zu einem der wichtigsten Staaten der arabischen Welt ummünzen. Dieser Vorteil währte freilich nur kurz, da Mohammed Mursi ein Jahr später, am 3. Juli

2013, durch einen Militärputsch entmachtet wurde und 2019 verstarb, nachdem er von der neuen Militärregierung wegen Geheimnisverrats und «Beleidigung der Justiz» zu langen Haftstrafen verurteilt worden war. Es gibt zahlreiche Berichte über unzureichende Haftbedingungen, vor allem soll Mohammed Mursi trotz schwerer chronischer Erkrankungen keine angemessene medizinische Versorgung erhalten haben.

Die Nähe zur Mursi-Regierung und zu den Muslimbrüdern nahestehenden Organisationen, Parteien und Rebellengruppen in anderen Staaten der Region führte zunehmend zu einer Isolation Katars in der Golfregion. Zwar zeigte sich die katarische Führung mit dem Herrscherhaus in Bahrein solidarisch, als dort 2011 ebenfalls politische Proteste ausbrachen, und beteiligte sich sogar an der saudisch geführten militärischen Operation, um die Demonstrationen niederzuschlagen. Dennoch zogen 2014 Saudi-Arabien, die Vereinigten Arabischen Emirate sowie Bahrein vorübergehend ihre Botschafter aus Doha ab, um gegen die enge Kooperation zwischen Katar und den Muslimbrüdern zu protestieren. Tatsächlich bekämpfen vor allem Saudi-Arabien und die Vereinigten Arabischen Emirate seit Jahren innenpolitisch die Ableger der Muslimbruderschaft, die als konkrete Gefahr für die lokalen Monarchien gesehen werden. In den Vereinigten Arabischen Emiraten soll in der Vergangenheit bereits ein im Umfeld der Muslimbruderschaft geplanter Staatsstreich durch die nationalen Sicherheitsbehörden vereitelt worden sein. Auch in Saudi-Arabien konnten sich im Laufe des 20. Jahrhunderts weitläufige Strukturen der Bruderschaft entwickeln, woran vor allem aus Ägypten abgeworbene Lehrkräfte, Juristen und andere hochqualifizierte Gastarbeiter erheblichen Anteil hatten. Sie haben den saudischen Staat und seine Bevölkerung mitgeprägt, was nun in der Regierung in Riad immer wieder zu Nervosität und Sorge um die Stabilität der monarchischen Institutionen führt. Wie in Ägypten werden daher wichtige Mitglieder – auch unter dem Vorwand der Terrorismusbekämpfung – konsequent verfolgt.

Qatar Charity und die Förderung muslimischer Vereine in Europa

Auch hierzulande wird Katar seine Unterstützung der Muslimbruderschaft zum Vorwurf gemacht. Dass hierbei regelmäßig unterschiedliche Feindbilder – vom streng konservativen Salafisten bis zum religiös motivierten Terroristen – zu einem diffusen Islamismus-Verständnis vermischt werden, erschwert jedoch die politische Debatte erheblich. So verwies etwa Gerd Müller, der damalige deutsche Minister für Wirtschaftliche Zusammenarbeit und Entwicklung, im Juni 2017 in einem Interview lapidar auf das «Stichwort Katar», als er nach den wichtigsten Terror-Finanziers im Mittleren Osten gefragt wurde. Da sich eine direkte Verbindung etwa von der Organisation des sogenannten «Islamischen Staats» zur katarischen Regierung nach derzeitigen Erkenntnissen nicht nachweisen lässt, musste sich Angela Merkel kurze Zeit später von der Aussage ihres Ministers distanzieren.

Zahlreiche Veröffentlichungen machen die «internationalen Machenschaften» Katars zum Thema – dies gilt vor allem im Hinblick auf die weltweiten Aktivitäten der staatlichen Wohltätigkeitsorganisation Qatar Charity. Auch über die Region des Mittleren Ostens hinaus fördert diese Organisation islamische Vereine und Moscheen, früher oft gemeinsam mit anderen Golfstaaten. Aufgrund der diplomatischen Verwerfungen tritt Katar heute zumeist allein und in Konkurrenz zu etablierten religiösen Förderern wie Saudi-Arabien auf.[31]

Die Datenlage zu den Wohltätigkeitsorganisationen in der Golfregion ist generell sehr dünn, doch wie die französischen Journalisten Christian Chesnot und Georges Malbrunot recherchiert haben, hat allein Qatar Charity in den letzten Jahren weltweit über 8000 Moscheen unterstützt, davon 138 in Europa. Die meisten geförderten Projekte finden sich in Italien, Frankreich und Spanien, doch auch in Deutschland bekamen einige Moscheevereine finanzielle Hilfen. Mithilfe der Zuwendungen erwerben die Vereine insbesondere Grundstücke, um darauf neue Gebets- und Gemeinderäume errichten zu lassen; auch insgesamt 25 ehemals christliche Kirchenbauten wurden auf diese Weise umgewidmet. Erklärtes Ziel der massiven finanziellen Unterstützung ist die Anbindung der lokalen muslimischen Minderheiten an große Moscheegemeinden. So sollen einerseits die Gemeinden zusammengeführt und muslimisches Leben in der Öffentlichkeit stärker sichtbar gemacht werden, was den Austausch zwischen den Religionen befördern und die religiösen Bedürfnisse der muslimischen Anwohner besser erfüllen helfen soll. Gleichzeitig geht es darum, ihre islamische Identität innerhalb der nicht-muslimischen Mehrheitsgesellschaft zu wahren. So investierte Qatar Charity beispielsweise in Frankreich verstärkt in die Gründung öffentlich anerkannter islamischer Schulen, nachdem 2004 das Tragen von Kopftüchern in staatlichen Schulen verboten worden war. Dies heizte in der Vergangenheit immer wieder die Debatte über die Gefahr einer Entstehung von Parallelgesellschaften an, die nach eigenen (religiösen) Regeln leben und sich dem Zugriff des Staates nach Möglichkeit entziehen. Wichtig ist hier anzumerken, dass zumindest die Projekte von Qatar Charity in Europa größtenteils unter Beteiligung der gewählten lokalen Mandatsträger zustande kommen.

Dass dieses Engagement trotz der Kooperation mit lokalen Behörden und Anwohnern in weiten Teilen der Bevölkerung auf Skepsis oder Ablehnung stößt, hat viel mit der schwierigen Position des «organisierten Islam» in Deutschland und Europa zu tun. So wünschen sich viele westliche Gesellschaften einen nicht genau bestimmten «modernen Islam», der sich analog zu anderen Gruppen und Glaubensgemeinschaften zu den verfassungsgemäßen Gemeinsamkeiten bekennt und in das Gemeinwesen einbringt. Diesem Desiderat folgen viele der von Katar oder anderen arabischen Golfstaaten unterstützten Moscheegemeinden in Deutschland und Europa. Sie machen, in Abstimmung mit den gewählten Amsträgern, durch neue Moscheebauten und Gemeindezentren muslimisches Leben sichtbarer und bieten so Anknüpfungspunkte für den gesamtgesellschaftlichen interreligiösen Dialog.

Manche muslimischen Gruppen in Deutschland, die sich im- oder explizit auf die Muslimbruderschaft berufen, befürworten jedoch eine Schwächung der Institutionen zugunsten eines Islam-freundlicheren Gemeinwesens. Diese werden in der Regel von staatlichen Geheimdiensten wie dem Bundesamt für Verfassungsschutz unter Beobachtung gestellt. Auf die Kooperationspartner von Qatar Charity trifft dies nach aktuellem Erkenntnisstand nicht zu, und ihre Kriminalisierung erscheint im Kontext der emotional geführten Integrationsdebatte wenig hilfreich, weil auch Unproblematisches skandalisiert und ein offener Dialog von vornherein verhindert wird.

8.
Regionales Gerangel: Die Katar-Krise 2017–2021

Die international geschwächte Position Katars – neben dem Vorwurf der Terrorunterstützung wurde vor allem die Lage der Gastarbeiter im Land intensiv kritisiert – nutzten Saudi-Arabien und die drei Partnerländer Bahrein, Ägypten und die Vereinigten Arabischen Emirate («das Quartett») im Juni 2017 aus, um das Emirat regional und international zu isolieren. Zuvor hatten sich die Spannungen in der Golfregion nochmals verschärft, da Katar seine eigenwillige Außenpolitik weiterverfolgte, ohne sich mit den Nachbarstaaten abzustimmen. Vor allem die Konkurrenz zwischen Katar und den Vereinigten Arabischen Emiraten spitzte sich zu. Letztere unterstützen in den Bürgerkriegsregionen Libyen und Syrien eigene Milizen, um die Verbündeten Katars, die der Muslimbruderschaft nahestehen, vor Ort in einer Art Stellvertreterkrieg zu bekämpfen. Beiden Staaten geht es darum, die gegnerische Seite bestmöglich zu behindern und den eigenen Einfluss auszuweiten.[32] Zwar gelang es Kuweit 2014, zwischen den zerstrittenen Golfmonarchien ein Abkommen herzustellen, aber die Versöhnung hielt nicht lange. Am 5. Juni 2017 brachen Saudi-Arabien und seine Mitstreiter alle diplomatischen und wirtschaftlichen Beziehungen zu Katar ab. Dem Königreich zufolge hatte Katar Versprechen von 2014 nicht eingehalten und weiterhin Terroristen unterstützt. Der konkrete Vorwurf bezieht sich auf die Zahlung von Lösegeld für im Irak entführte katarische Staatsangehörige an eine pro-iranische Miliz, die für die Entführung verantwortlich war. Angesichts der konfliktträchtigen Nachbarschaftsgeschichte liegt allerdings die Vermutung nahe, dass es vor allem um alte grundsätzlichere Differenzen geht. Auch der weitere Verlauf der Ereignisse bestätigt diesen Eindruck.

Chronologie der Krise

Die erste Maßnahme des verbündeten «Quartetts» war die Schließung der Botschaften in und der Grenzen zu Katar noch am gleichen Tag. Alle Land-, See- und Luftverbindungen in das Emirat wurden unterbrochen und der katarischen Fluggesellschaft Qatar Airways Überflugrechte entzogen sowie Landegenehmigungen verweigert. Katarische Staatsbürger, die sich zu diesem Zeitpunkt in Saudi-Arabien, Bahrein oder den Vereinigten Arabischen Emiraten aufhielten, mussten das Land sofort verlassen und die Heimreise antreten. Katar verzichtete seinerseits auf Vergeltungsmaßnahmen und erklärte sich zum Dialog bereit, sodass saudische, ägyptische, bahreinische und emiratische Staatsbürger im Land bleiben durften.

Nach Tagen der diplomatischen Schockstarre und Notstandsverwaltung – schließlich musste zunächst die Versorgung der katarischen Bevölkerung durch die Regierung sichergestellt werden – überbrachte am 22. Juni 2017 der zwischen den Konfliktparteien vermittelnde Staat Kuwait der katarischen Seite einen 13 Punkte umfassenden Forderungskatalog sowie ein zehntägiges Ultimatum zur Umsetzung der geforderten Maßnahmen. Verbunden war dies mit der Drohung, die Blockade fortzusetzen und weitere Schritte zu ergreifen. So sah sich die katarische Regierung aufgerufen, die Beziehungen zum Iran zu reduzieren, den türkischen Militärstützpunkt im Land zu schließen und die Arbeit des Nachrichtensenders al-Jazeera zu beenden. Zudem sollten alle in den vier Ländern der Anti-Katar-Koalition als Terroristen gesuchten Personen, die sich in Katar aufhielten, direkt an die jeweiligen Regierungen überstellt werden. Viele dieser sogenannten Terroristen sind Mitglieder der Muslimbruderschaft, die vor allem in Ägypten[33] und in den Vereinigten Arabischen Emiraten bekämpft wird. In diesem Kontext ist Vorsicht geboten, schließlich ist der Terrorismus-Vorwurf bei autoritären Regierungen ein beliebtes Mittel, um politische Verfolgung und die Unterdrückung von Oppositionsbewegungen zu rechtfertigen (siehe oben). Daher verweigert etwa Deutschland immer wieder die Auslieferung nach Ägypten, ist das Land doch leider zur Zeit für unfaire Gerichtsprozesse und schlechte Haftbedingungen bekannt.

Wenig überraschend wies Katar drei Tage darauf sämtliche Forderungen mit dem Verweis zurück, sie seien weder gerechtfertigt noch angemessen. Zwar wurde das Ultimatum am 3. Juli 2017 auf Anfrage des Emirs von Kuwait um zwei Tage verlängert, doch die Hoffnung, den Konflikt über Gespräche lösen zu können, erfüllte sich nicht. Die katarische Führung ließ das verlängerte Ultimatum ebenfalls ereignislos verstreichen und der Außenminister Mohammed bin Abdulrahman Al Thani versicherte sogar, das Land sei bereit, sich im Ernstfall auch militärisch zu verteidigen. Doch verstrich die Frist ohne Folgen, lediglich das Embargo blieb weiterhin in Kraft. Ende Juli warf die katarische Regierung den saudischen Behörden vor, katarische Bürger an ihrer Pilgerfahrt ins saudische Mekka zu hindern. Mitte August kündigte Saudi-Arabien daraufhin an, die Grenze für katarische Pilger öffnen zu wollen, um ihnen die Ausübung ihrer religiösen Pflicht zu ermöglichen. 2018 und 2019 hielt man an dieser Praxis fest, während die Blockade unvermindert fortbestand. 2020 und 2021 war die Pilgerfahrt aufgrund der weltweiten Corona-Pandemie sowieso nur ausgewählten saudischen Staatsbürgern oder Aufenthaltsberechtigten möglich.

Dass die weitreichenden Forderungen vom 22. Juni 2017 von Katar jemals umgesetzt würden, erschien zu keinem Zeitpunkt wahrscheinlich, schließlich käme dies einer weitgehenden politischen Selbstaufgabe gleich, in deren Zuge die eigenständige Außenpolitik zugunsten einer Wiedereingliederung in den saudisch dominierten Golf-Kontext aufs Spiel gesetzt würde. Außerdem verlor die Drohung der Anti-Katar-Koalition mit zunehmender Dauer der Krise an Brisanz und die Blockade mit der Zeit an Wirkung. Im Januar 2021 wurden die Sanktionen gegenüber Katar schließlich zurückgenommen und im Mai fand ein erstes Treffen der Staatsoberhäupter aus Katar und Saudi-Arabien statt. Zwar bleibt der katarische Sender al-Jazeera etwa in den Vereinigten Arabischen Emiraten weiterhin gesperrt, doch die heiße Phase der Nachbarschaftskrise scheint vorerst überwunden.

Dennoch beeinflussten und beeinflussen die Maßnahmen die katarische Politik: Um auf die Vorwürfe zu reagieren, Terrorismus zu unterstützen oder zumindest zu dulden, verschärfte das Emirat 2019 seine Gesetzgebung zur Terrorismusbekämpfung. Außerdem führt das Innenministerium neben den Sanktionslisten der Vereinten Nationen seit einigen Jahren auch eine eigene

Terrorliste, deren sechste Ausgabe 2018 veröffentlicht wurde. In dem Dokument finden sich die Namen von Individuen und Unternehmen, die in Verbindung zu internationalem Terrorismus stehen sollen. Im Falle der Einreise einer der entsprechenden Personen nach Katar drohen Haft und das Einfrieren sämtlicher finanzieller Ressourcen vor Ort. Dabei geht es vorrangig um Verbindungen zur Quds-Einheit der iranischen Revolutionsgarden sowie zum militärischen Arm der afghanischen Taliban. Auf zuvor veröffentlichten Listen befanden sich auch die Namen einzelner katarischer Staatsbürger, die teilweise als al-Qaida-Unterstützer inhaftiert wurden, allerdings nur für einige Monate.

Grundsätzlich betraf die Blockade sämtliche Politikbereiche, da viele Ressourcen für die Umstellung der Lieferketten gebraucht wurden, um die Versorgung der Bevölkerung aufrechtzuerhalten, und somit nicht für andere Projekte zur Verfügung standen und stehen. Andererseits verfestigte sich durch die Krise das katarische Nationalbewusstsein, sodass sich selbst einige Gastarbeiter angesichts des diplomatischen Showdowns nun stärker mit ihrem Gastland identifizieren, das im Streit mit übermächtigen Gegnern auf steigende Sympathiewerte bauen kann. Dass mit zunehmender Dauer der Blockade die katarische Position gestärkt wurde, liegt nicht nur am konsequenten Krisenmanagement, das trotz extremer Einschränkungen für eine fast lückenlose Versorgung der Bevölkerung sorgte. Daneben kamen immer mehr Details ans Licht, die Katar wie das Opfer einer politischen Intrige wirken ließen: So spielte bei der Eskalation der Krise auch die nachweislich falsche Nachrichtenmeldung eine Rolle, die katarische Führung habe sich sehr positiv über Israel und den Iran geäußert. Die Meldung soll die arabischen Staaten aufgeschreckt und zur Formierung der Anti-Katar-Allianz erheblich beigetragen haben. Über seinen Außenminister hatte der Emir die Echtheit der Meldung dementiert, und US-amerikanische Medien bestätigten unter Berufung auf Geheimdienstinformationen, dass die staatliche Nachrichtenagentur Katars gehackt und die Falschmeldung in Umlauf gebracht worden sei. Ebenfalls mit Verweis auf die amerikanischen Geheimdienste berichtete etwa die *Washington Post,* dass der Hackerangriff möglicherweise von den Vereinigten Arabischen Emiraten initiiert worden war.

Inwiefern der Vorfall tatsächlich als Auslöser der Krise zu betrachten ist, bleibt jedoch fraglich. Immerhin gehen die Konflikte auf bekannte Konkurrenzen und Meinungsverschiedenheiten zurück, und die Gegner Katars haben in der Vergangenheit immer wieder deutlichgemacht, dass sie die aus dem Golf-Konsens ausscherende Diplomatie des Emirats nicht dauerhaft hinzunehmen bereit sind. Pläne für die vollständige Blockade Katars lagen daher höchstwahrscheinlich bereits vor der veröffentlichten Falschmeldung in Riad und Abu Dhabi in der Schublade.

Internationale Reaktionen

Obwohl vor allem US-amerikanische Medien in Washington über den Hackerangriff berichteten und so der Eindruck entstehen konnte, die Vereinigten Arabischen Emirate hätten durch die gezielte Cyberattacke die diplomatische Krise bewusst provoziert, tat sich die amerikanische Regierung unter Donald Trump mit einer Verurteilung der Anti-Katar-Koalition sehr schwer. So hatte kurz vor diesen Ereignissen der amerikanische Präsident den saudischen König Salman besucht und ihm – im Zuge der Unterzeichnung milliardenschwerer Rüstungsverträge – seine Partnerschaft und Unterstützung zugesichert. Inwiefern diese Begegnung die Eskalation begünstigte, da Saudi-Arabien mit einer milden Reaktion seines mächtigen Verbündeten rechnen konnte, bleibt bis heute umstritten. Jedenfalls ließ die US-amerikanische Regierung über ihren Sprecher mit Blick auf die Konfliktparteien ausrichten, man betrachte die Vorgänge am Golf als Familienangelegenheit, die die beteiligten Monarchien unter sich zu klären hätten.

Trotzdem nahmen die USA in der Folge immer wieder teils widersprüchliche Positionen im Konflikt ein. Während der damalige Außenminister Rex Tillerson die Länder der Anti-Katar-Koalition aufrief, die Blockade zu lockern und an den Verhandlungstisch zurückzukehren, äußerte Donald Trump – bevorzugt über den Kurznachrichtendienst Twitter – wiederholt seine Zustimmung zum Vorgehen des saudischen Königs. Verteidigungsminister James Mattis rief unterdessen alle beteiligten Parteien zu Besonnenheit auf. Tillerson, dessen deeskalierende Haltung zudem von einigen europäischen Amtskollegen wie dem damals amtierenden Bundesaußenminister Sigmar Gabriel unterstützt wurde, schied jedoch kurz darauf nach nur einem Jahr im Amt aus dem Kabinett aus, nachdem er Trump mehrfach kritisiert und als Schwachkopf bezeichnet und dieser ihn daraufhin entlassen hatte.

In Europa war man sich weitgehend einig, dass die Isolation Katars eine Gefahr für den Frieden in der Region darstellte und eine weitere Eskalation unbedingt vermieden werden müsste. Besonders die Härte der von der Anti-Katar-Koalition getroffenen Maßnahmen besorgte europäische Diplomaten: Die damalige Außenbeauftragte der EU Frederica Mogherini rief die Konfliktparteien auf, Provokationen zu vermeiden und Verhandlungen aufzunehmen. Gleichzeitig unterstrich sie die guten bilateralen Beziehungen der EU zu allen Mitgliedern des

Golf-Kooperationsrats, die ungeachtet der Krise fortbestünden und gepflegt würden. Bundesaußenminister Gabriel führte Gespräche mit den Außenministern von Saudi-Arabien und Katar und tauschte sich mit seinem Amtskollegen aus dem vermittelnden Emirat Kuwait aus. Auch der Austausch mit den Regionalmächten Iran und Türkei wurde gesucht, um auf eine Deeskalation hinzuwirken.

Große Unterstützung erhielt Katar von der iranischen und der türkischen Regierung, die sich von Beginn der Krise an hinter Emir Tamim und seine Politik stellten. Schließlich waren die engen Beziehungen beider Länder zu Katar ein zentraler Aspekt des schon lange schwelenden Konflikts. Die Unterstützung war jedoch nicht nur diplomatischer Natur, sondern schloss insbesondere die Lieferung von Lebensmitteln und anderen wichtigen Gütern zur Versorgung der Bevölkerung mit ein, die aufgrund der Blockade nicht mehr auf gewohntem Weg importiert werden konnten. Im Iran starteten in den ersten Tagen des Boykotts mehrere Flugzeuge mit frischen Nahrungsmitteln an Bord und brachten Obst und Gemüse ins Land. Auch auf dem Seeweg wurden im weiteren Verlauf hunderte Tonnen Lebensmittel aus dem Iran importiert. Dank einer weitreichenden Öffnung des iranischen Luftraums konnte Qatar Airways trotz der Isolation viele Verbindungen nach Europa und Afrika aufrechterhalten und somit den Kontakt des Emirats zur Welt sicherstellen.

Auch die Türkei zeigte sich engagiert und versorgte Katar ab Mitte Juli ebenfalls per Schiff und Flugzeug mit Waren. Präsident Recep Tayyip Erdoğan lobte die besonnene Reaktion des Emirats und seinen effektiven Kampf gegen islamischen Terrorismus. In einer Eilentscheidung stimmte das türkische Parlament einer von Erdoğan vorgeschlagenen Stationierung türkischer Truppen in Katar zu, sodass ohne Zeitverlust Soldaten und Ausrüstung in die Golfregion entsandt werden konnten, um die katarische Regierung im Streit mit den Nachbarstaaten zu unterstützen. Inwiefern katarische Investitionen in die türkische Wirtschaft in beträchtlicher Höhe Teil der Vereinbarungen sind, lässt sich nicht zweifelsfrei feststellen.

Dass die türkische Regierung in diesem Konflikt so eindeutig Position bezog und konsequent Unterstützung leistete, verdeutlicht die mittlerweile enge politisch-strategische Allianz zwischen beiden Ländern – immerhin sind Saudi-Arabien und die anderen Staaten des «Anti-Katar-Quartetts» für den türkischen Außenhandel deutlich wichtigere Partner. Dem türkischen Präsidenten war die Vertiefung der Partnerschaft mit Katar indes offensichtlich einige wirtschaftliche Einbußen wert, wie der Abschluss zahlreicher bilateraler Abkommen zeigt. Bereits 2015 wurde ein gemeinsames «Higher Strategic Committee» eingerichtet, über das die Ministerien beider Länder zudem in ständigem Kontakt stehen und weitere Kooperationen vorbereiten. Die Türkei unter Erdoğan gilt neben Katar als wichtigster staatlicher Unterstützer der Muslimbruderschaft.

Dank der entschiedenen und schnellen Hilfe befreundeter Staaten, zu denen neben dem Iran und der Türkei auch Oman, Marokko und Indien gehören, konnte Katar die Lebensmittelimporte effektiv substituieren und somit die Versorgung der Bevölkerung sicherstellen. Dadurch wurde auch die Bindung zwischen der Herrscherfamilie und den übrigen Einwohnern des Emirats gestärkt, was die Position der katarischen Regierung gegenüber Saudi-Arabien und seinen Verbündeten im Laufe der Zeit verbessert hat. Katar hat den Boykott wirtschaftlich, innen- und außenpolitisch gut gemeistert, und so ist es aus heutiger Sicht sehr unwahrscheinlich, dass die von der Anti-Katar-Koalition gestellten Forderungen jemals erfüllt werden. Dennoch haben die Blockade und die daraufhin durchgeführten Maßnahmen viele Ressourcen gebunden und bedeuten für Katar eine geopolitische Schwächung. Der internationale Handlungsspielraum des Landes bleibt eingeschränkt und erst eine rückblickende Analyse wird in einigen Jahren zeigen können, welche Akteure letztlich am meisten von der Krise profitiert haben werden.

9.
Nation Branding und der lange Weg zur WM

Von Null auf Nationalstaat

Dass Katar, noch bis in die 1990er-Jahre das Paradebeispiel eines politisch irrelevanten Ministaats, innerhalb kurzer Zeit so bekannt werden konnte, ist nicht nur der eigenständigen Politik Emir Hamads zu verdanken, sondern auch einer konsequenten Vermarktungsstrategie. Unter dem Begriff «Nation Branding» tüfteln internationale Marketing-Experten an dem Image von Staaten. Dabei geht es nicht nur darum, einen Ort als Tourismus- oder Investitionsstandort zu bewerben, sondern dem Land als Ganzes zu einer positiv wahrgenommenen «Marke» (engl. *brand*) zu verhelfen. Im Falle des Gelingens profitieren zugleich die außenpolitischen Beziehungen, da solche Staaten in der Regel auch beliebte Kooperationspartner sind. Als einer der bedeutendsten Fachleute, die sich auf Nation Branding spezialisiert haben, gilt der weltweit tätige Brite Simon Anholt. Zusammen mit der Werbeagentur GfK-Roper entwickelte er den

Nation Brand Index, der mithilfe einer jährlichen groß angelegten Befragung die Wahrnehmung aller Staaten ermittelt und Veränderungen des Images sichtbar macht. Seit 2014 betreibt Anholt auch einen sogenannten Good Country Index, eine Liste, welche die Staaten entsprechend ihres Beitrages zur Weiterentwicklung der Menschheit einordnet. Über die angewandte Methodik und die zugrundeliegenden Annahmen kann man streiten, die Transparenz der Indikatoren macht beide Indices jedoch zu interessanten Quellen.

Eine Grundlage des Nation Branding ist die Annahme, dass aufstrebende Staaten durch geschickte Entscheidungen und Maßnahmen ihre internationale Sichtbarkeit schnell und nachhaltig steigern können. Hier kann Katar als Musterbeispiel gelten, schließlich hat die Außenwirkung innerhalb kürzester Zeit extrem zugenommen. Dazu tragen Prestigeprojekte wie das weltweit bedeutende Museum für Islamische Kunst in Doha erheblich bei – immerhin macht es das katarische Selbstverständnis als wichtiger Bestandteil und Antreiber der muslimischen Zivilisation weithin sichtbar. Durch die zementierte Verknüpfung von katarischer Geschichtsschreibung mit internationaler Islamischer Kunst macht sich der Kleinststaat zum Sprecher einer auch kulturell reichen Region und verleiht seinen Positionen und Forderungen somit einen Hauch von Universalität. Schließlich tritt Katar auch als WM-Gastgeber stellvertretend für die arabische beziehungsweise Islamische Welt auf. Dass laut einer Analyse der Wissenschaftlerin Aisha Mellah kein einziges Exponat der Ausstellung im Museum für Islamische Kunst von der katarischen Halbinsel zu stammen scheint, fällt dabei wohl nicht weiter ins Gewicht.

Zudem nutzte das Emirat konsequent seine internationalen Projekte und Kontakte, um sich aus der saudisch dominierten regionalen Logik zu befreien und eine eigenständige Diplomatie zu verfolgen. Eine positive internationale Wahrnehmung kann hier als Schutzschirm gegen Anfeindungen und Angriffe regionaler Konkurrenten gesehen werden. Auch die Ausrichtung großer internationaler Konferenzen kann zu einem Bekanntheits- und Imagegewinn führen. Aus diesem Grund fanden seit den 1990er-Jahren in Doha auffallend viele hochkarätige Konferenzen statt, die das Land in den Fokus der Weltöffentlichkeit rückten. Spätestens mit der sogenannten Doha-Runde, einem mehrjährigen Verhandlungsprozess der Welthandelsorganisation, der teilweise in der katarischen Hauptstadt abgehalten wurde, belegte das Land Sendezeit in den Hauptnachrichtensendungen weltweit. Damit sah sich Katar in seiner Strategie bestätigt, bei der Außenkommunikation dem Beispiel erfolgreicher internationaler Konzerne zu folgen und seine Politik aktiv zu vermarkten. Dazu gehört auch die Devise, dass Markenbildung bis zu einem gewissen Grad auf zukünftig angestrebten Eigenschaften aufbauen kann und sich nicht auf den unzulänglichen Status Quo beschränken muss. Bei genauerer Beobachtung des internationalen Wettbewerbs um die beste staatliche Marke ist jedoch festzustellen, dass sich mittlerweile zahlreiche Länder dieses Muster zu Eigen gemacht haben und bescheidene Ehrlichkeit in kaum einem Außenministerium auf der Welt zu den leitenden Strategieelementen zählt.

Als probates und beliebtes Mittel, sich der Weltöffentlichkeit zu präsentieren, gilt seit jeher die Ausrichtung prestigeträchtiger Sportveranstaltungen, stehen diese doch für international geteilte Werte wie Respekt, Fairness und Wettbewerb. Vor allem kleinere Staaten haben als Gastgeber beispielsweise einer Olympiade oder einer bedeutenden Weltmeisterschaft die Chance, im Kontext der weltweit tendenziell positiv wahrgenommenen Sportnachrichten ihr bislang blasses internationales Image nachhaltig zu schärfen und zu emotionalisieren. Aber auch etablierte Staaten wie Frankreich haben das diplomatische Potential erkannt: Seit 2014 kümmert sich dort im Außenministerium ein «Sport-Botschafter» international um eine gute Außendarstellung des Landes. Jahrzehntelang war der nationale Medaillenspiegel ein wichtiges Symbol für politische Stärke und wirtschaftliche Leistungsfähigkeit und im Zeitalter des Kalten Krieges Ausdruck des Wettbewerbs zwischen kapitalistischem Westen und kommunistischem Osten. Die zahlreichen Doping-Skandale liefern ein weiteres Indiz für die strategische Bedeutung, die Sportwettkämpfen von Regierungen zugeschrieben wird, schließlich handelt es sich oft – wie immer häufiger ans Licht kommt – um zentral koordinierte Doping-Systeme im staatlich geförderten Leistungssport.

Staaten, die internationale Sportwettbewerbe ausrichten, bekommen die Möglichkeit, sich nicht nur sportlich zu präsentieren, sondern Gäste aus aller Welt zu begrüßen und ihnen im Sinne eines kohärenten Nation Branding diejenigen Aspekte ihres Landes zu zeigen, die für eine positive Außenwahrnehmung unterstrichen werden sollten. In der jüngeren Vergangenheit ist die Weltoffenheit, die mit dem Gastgeberstatus untrennbar verbunden ist, ein wichtiges Motiv vor allem für autokratisch regierte Staaten. So war die Olympiade 2008 in Peking eine großartige Gelegenheit für die Kommunistische Partei Chinas, das Land als modernen Partner auf Augenhöhe zur Europäischen Union und zu den Vereinigten Staaten von Amerika vorzuführen. Die teilweise von international renommierten Architekturbüros gestalteten Wettkampfstätten sollten das neue friedlich-freiheitlich-kapitalistische China zeigen und die Besucher mit dem Eindruck größerer Vertrautheit heimkehren lassen. Mittlerweile werden die freundlich wirkenden Bilder der Olympiade 2008 aber von der aggressiven Militärstrategie im südchinesischen Meer und der zunehmend restriktiven Hongkong-Politik der chinesischen Regierung überlagert – und von der überwiegend kritischen Berichterstattung während der olympischen Winterspiele 2022 am gleichen Austragungsort.

Mit der Ausrichtung der Fußballweltmeisterschaft 2022 bekommt Katar die Möglichkeit, international sehr viele Zuschauer zu erreichen und das Image des Landes damit nachhaltig zu verbessern. Das katarische Außenministerium selbst verbucht die Großveranstaltung explizit unter dem Stichwort Sportdiplomatie. Gäste aus aller Welt werden in Doha landen und für die Dauer der WM das Straßenbild prägen. Trotz negativer Presseberichterstattung über die Arbeitsbedingungen vor Ort und kritischer Stimmen bezüglich der vorherrschenden islamisch-konservativen gesellschaftlichen Werte wird das Emirat die Möglichkeit haben, für positive Erlebnisse vor Ort zu sorgen und damit die Außenwahrnehmung im Sinne der Regierung zu beeinflussen. Dass Katar diese Chance nutzen wird, lässt nicht nur die massive Unterstützung der Regierung erwarten – das Projekt der WM-Bewerbung wurde seinerzeit vom damaligen Kronprinzen und heutigen Emir Tamim geleitet –, sondern auch die zwar junge, aber dafür sehr dichte Geschichte katarischer Sportpolitik.

Fans als Botschafter

Bereits 1963, noch acht Jahre vor Staatsgründung, spielte die nationale Fußballliga namens Qatar Stars League ihre erste Saison aus. Bis heute wurden mithilfe lukrativer Konditionen viele prominente internationale Fußballstars verpflichtet, die für ein ordentliches Niveau und ein wenig internationale Aufmerksamkeit sorgten. Zu nennen sind hier beispielsweise die ehemaligen

Nationalspieler Mario Basler (Deutschland), Fernando Hierro (Spanien) oder Gabriel Batistuta (Argentinien). Heute spielen in der ersten Liga zwölf Mannschaften um die Meisterschaft, sieben davon aus der Hauptstadt Doha. Während die letztplatzierte Mannschaft zum Saisonende in die zweite Liga absteigt, qualifiziert sich das beste Team für die vom asiatischen Fußballbund AFC ausgerichtete Champions League.

In den frühen 2000er-Jahren erhöhte die katarische Führung die Investitionen in den Sport und eröffnete im Jahr 2004 am Rande von Doha mit der Aspire Academy eines der weltweit größten Zentren für Spitzensportler. Die Anlage Aspire Dome ist die größte überdachte Sportstätte der Welt und verfügt über Trainingsflächen für unterschiedliche Sportarten, darunter zwölf Fußballplätze und ein voll klimatisiertes Stadion für fünfzehntausend Zuschauer. Auf dem weitläufigen Areal können mehrere Wettkampfveranstaltungen parallel abgehalten werden, womit das Land eine wichtige Voraussetzung erfüllt, um bei sportlichen Großevents als Gastgeber auftreten zu können.

Die anstehende Fußballweltmeisterschaft ist nicht die erste sportliche Großveranstaltung auf katarischem Boden, bildet aber den vorläufigen Höhepunkt einer bemerkenswerten Reihe, deren Anfänge bis in die 1990er-Jahre zurückreichen. So wurde seit 1994 fast jährlich[34] das internationale Tischtennisturnier Qatar Open ausgerichtet, das zur sogenannten Super Series des internationalen Tischtennisverbandes ITTF gehört. 2004 fand zudem die Tischtennisweltmeisterschaft in Doha statt. Die mit hohem finanziellem Aufwand errichtete Sport-Infrastruktur des Landes blieb auch in den folgenden Jahren nicht ungenutzt: Bis heute richtete das Emirat fünf Squash-Weltmeisterschaften aus, zudem wurden 2005 die Weltmeisterschaften im Gewichtheben und die Westasienspiele an verschiedenen Orten im Land abgehalten. Bereits ein Jahr später war Katar Gastgeber der Asien-

Größte überdachte Sportstätte der Welt: Im Aspire Dome bei Doha können Wettkämpfe in dreizehn verschiedenen Sportarten von Fußball über Schwimmen bis Tischtennis gleichzeitig stattfinden.

spiele, und in Doha traten fast zehntausend Athleten aus 45 Nationen in über vierhundert Disziplinen gegeneinander an. Im Frühjahr 2010 war der Aspire Dome Schauplatz der Leichtathletik-Hallenweltmeisterschaften, 2011 wurde in fünf Spielstätten um die Fußball-Asienmeisterschaft gespielt – vor insgesamt über vierhunderttausend Zuschauern. Selbst im Rad- und im Motorradsport entwickelte sich Doha zu einer bekannten Adresse: Die Katar-Rundfahrt im Januar markiert für viele internationale Radprofis eine wichtige Station im Tour-Kalender und seit 2004 finden auf der Rennstrecke Losail International Circuit in der Nähe der Hauptstadt regelmäßig Rennen der Motorrad- und Superbike-Weltmeisterschaften statt. 2021 gastierte hier sogar die Formel 1 für den ersten «Großen Preis von Katar».

Als Ausrichter großer Sportwettkämpfe konnte Katar also schon einige Erfahrungen sammeln, was die Führung des Landes veranlasste, sich bereits zweimal für die Ausrichtung der olympischen Sommerspiele zu bewerben (2016 und 2020). Doch während das Land bei diesen Bewerbungen bereits früh aus dem Rennen war, setzte es sich, als es um die Austragung der Fußballweltmeisterschaft 2022 ging, zur großen Überraschung vieler Beobachter durch. Mittlerweile wurde zudem offiziell gemacht, dass sich Katar um Olympia 2032 bewerben möchte.

WM 2022 in Katar: Ein Skandal?

Als der Weltfußballverband FIFA am 2. Dezember 2010 bekanntgab, dass die Fußballweltmeisterschaft 2022 in Katar stattfinden soll, war die Überraschung groß. Schließlich hatte sich die katarische Bewerbung, deren zugrundeliegender Masterplan von den deutschen Planungs- beziehungsweise Architekturbüros AS&P und Albert Speer junior erstellt worden war, gegen die von vielen favorisierte Konkurrenz aus den etablierten Nationen Australien, Japan, Südkorea und den Vereinigten Staaten durchgesetzt. Die Reaktionen auf die Entscheidung ließen nicht lange auf sich warten: In Anbetracht der klimatischen Verhältnisse am Arabischen Golf wurde von zahlreichen Kommentatoren insbesondere die Sorge geteilt, dass bei sommerlichen Temperaturen um 50 Grad Celsius keine Fußballspiele durchführbar seien. Die Belastung für die Spieler auf dem Platz, aber auch für die Zuschauer aus der ganzen Welt sei trotz teilweise klimatisierter Spielstätten viel zu hoch und nicht zumutbar. Entgegen katarischer Hoffnungen wollte die Kritik nicht abreißen, sodass im März 2015 einvernehmlich entschieden wurde, die Weltmeisterschaft erstmalig auf die Wintermonate zu verschieben. Da durch diese Ausnahme im Turnierkalender

der Spielplan vieler nationaler und internationaler Fußballligen durcheinandergebracht werden wird, ist auch diese Entscheidung umstritten und trägt mancherorts zu einer generell ablehnenden Haltung gegenüber dem Gastgeberland bei.

Neben der Diskussion über die Zumutbarkeit der örtlichen Witterungsverhältnisse, die auch in den Wintermonaten durch gelegentliche Sandstürme und Temperaturen über 30 Grad Celsius nicht immer angenehm sind, rückte ab Ende 2013 verstärkt die kritische Berichterstattung über die Arbeitsbedingungen der Gastarbeiter auf den WM-Baustellen in den Fokus. Im September 2013 berichteten der britische *Guardian* und die *Süddeutsche Zeitung* erstmals über ungewöhnlich viele Todesfälle im katarischen Bausektor und über die schlechte Unterbringung der oft nepalesischen Bauarbeiter. Angesichts der teilweise ausbeuterischen Verhältnisse auf dem Arbeitsmarkt und der bis heute lückenhaften Schutzmaßnahmen (siehe oben) stand das Land fortan unter besonders kritischer Beobachtung.

In den Jahren 2015 bis 2020 fanden in Katar weitere sportliche Großereignisse statt, die immer auch als Probeläufe zur WM 2022 wahrgenommen und international entsprechend aufmerksam verfolgt wurden. Durch den reibungslosen Ablauf der Handballweltmeisterschaft 2015 – bei der Bewerbung als Austragungsort hatte sich das Emirat gegen hochkarätige Konkurrenz aus Frankreich, Polen, Dänemark und Norwegen durchgesetzt – konnte Katar manche kritische Stimme besänftigen, und auch die Boxweltmeisterschaften 2015, die traditionsreiche UCI-Straßenradsport-WM 2016 und die Turn-WM 2018 entkräfteten Zweifel an der Fähigkeit des Landes, die Fußballweltmeisterschaft 2022 erfolgreich ausrichten zu können.

Erneut Kratzer erhielt das Gastgeber-Image jedoch, als im Herbst 2019 die Leichtathletik-Weltmeisterschaften im Khalifa International Stadium in der Hauptstadt Doha abgehalten wurden. Wegen der extremen Witterungsbedingungen wurde entschieden, den Marathonlauf in die Nachtstunden zu legen, um eine Beeinträchtigung der Athleten durch Hitze und Sonneneinstrahlung zu vermeiden. Als die Läufer starteten, lag die Temperatur dennoch über 30 Grad Celsius und die Teilnehmer litten unter der extrem hohen Luftfeuchtigkeit. Vor allem die Läuferinnen, die vor ihren männlichen Kollegen und deshalb bei noch höheren Temperaturen an den Start gingen, hatten mit den Wettkampfbedingungen zu kämpfen: 28 der 68 teilnehmenden Athletinnen gaben vor dem Ziel auf, einige Läuferinnen mussten medizinisch versorgt werden. Die sportlichen Resultate spiegelten die Probleme deutlich wider; so erreichte die Gewinnerin des Laufes eine Zeit von 2 Stunden, 32 Minuten und 42 Sekunden – die schlechteste Siegzeit, die jemals bei einer Leichtathletik-WM erzielt wurde. Bei aller Kritik wurden jedoch auch vereinzelt unterstützende Stimmen laut. So verteidigte etwa die deutsche Läuferin Gina Lückenkemper den Austragungsort Katar mit dem Hinweis auf die westliche Dominanz im Spitzensport. Auf dem Internetportal web.de wurde sie mit einer naheliegenden Frage zitiert: «Warum nehmen wir uns das Recht raus, anderen Nationen zu verbieten, solche Meisterschaften ausrichten zu dürfen?» Tatsächlich trainierten Athleten aus anderen Weltregionen unter vergleichbaren Bedingungen und fühlten sich bei Wettkämpfen in Europa mitunter «wie im Kühlschrank».

In der Fan-Debatte werden zudem immer wieder grundsätzliche Vorbehalte gegenüber arabischen Staaten allgemein und den Golfstaaten im Speziellen sichtbar. Die nächste WM wird organisatorisch und atmosphärisch anders sein als alle Weltmeisterschaften zuvor – in den Augen vieler Fußballfans hätte die Weltmeisterschaft daher niemals nach Katar vergeben werden dürfen. Auch der laut übereinstimmenden Medienberichten unsaubere Ablauf der Entscheidung trägt zur grundsätzlich ablehnenden Haltung mancher Diskussionsteilnehmer bei. Immerhin soll Katar die Stimmen südamerikanischer Staaten gekauft und der FIFA eine Milliarde Euro angeboten haben, um den Erfolg seiner Bewerbung abzusichern. Auch soll Nasser al-Khelaifi, ehemaliger Tennisprofi und katarischer Sport-Investor, dem damaligen FIFA-Generalsekretär unerlaubte Geschenke gemacht haben, um bevorzugte Übertragungsrechte zu erhalten. Er wurde im Oktober 2020 von einem schweizerischen Strafgericht freigesprochen.

Die Vorfälle im Vorfeld der WM werfen kein gutes Licht auf das Gastgeberland, stellen jedoch leider keinen Einzelfall dar und betreffen zudem grundsätzlichere Probleme des FIFA-Systems. So gab es auch im Kontext der Vergabe der WM 2006 nach Deutschland Vorwürfe, hochrangige Funktionäre hätten die Entscheidung mit zweifelhaften Methoden zugunsten der deutschen Bewerbung beeinflusst. Unter anderem wird über eine Summe von 6,7 Millionen Euro berichtet, die Franz Beckenbauer an den früheren FIFA-Vizepräsident überwiesen haben soll, um Deutschland als Austragungsort der WM 2006 den Zuschlag zu geben. Bei diesem ehemaligen FIFA-Vizepräsidenten handelt es sich um den katarischen Staatsbürger Mohammed bin Hammam – auch dies ein Hinweis auf Verbindungen nach Katar? Inwiefern sich einzelne Individuen schuldig gemacht haben, ist bisher noch nicht abschließend geklärt. Darüber hinaus ist die Angelegenheit mittlerweile verjährt und wird wohl nicht mehr juristisch verfolgt. Sie unterstreicht aber erneut die strategisch bedeutende Rolle von großen Sportveranstaltungen.

Auch für Deutschland war die Ausrichtung der WM im Jahr 2006 ein wichtiger Meilenstein bei der Weiterentwicklung der Außenwahrnehmung. Bis heute profitiert es – zum Beispiel was die Reaktionen auf deutsche Initiativen und Positionen angeht – von den positiven Erlebnissen und Erfahrungen, die internationale Gäste im Rahmen der WM «zu Gast bei Freunden» gemacht haben. In der angespannten geopolitischen Situation Katars wiegen solche Effekte umso schwerer, weshalb die Ausrichtung großer Sportveranstaltungen wie der WM 2022 zum zentralen Instrument im Streben des Emirats nach Sicherheit und Selbstbehauptung wird. Dass die Bestechungsvorwürfe anders als im Fall der WM 2006 bereits vor dem Anpfiff publik wurden, ist somit besonders prekär.

Fußball und Politik: Stellvertreterkriege auf dem Spielfeld

Wie die anderen Golfmonarchien greift Katar im Rahmen seiner internationalen Sportpolitik – etwa über Investitionen in prestigeträchtige Fußballclubs – direkt in das Geschehen auf dem Platz ein. So dient auch die katarische Übernahme des traditionsreichen europäischen Fußballclubs Paris Saint-Germain über Qatar Sports Investment nicht nur einem sportlichen Interesse. Der Club konnte nach der schrittweise durchgeführten Übernahme in den Jahren 2011 und 2012 finanziell aufatmen: Der neue Investor kümmerte sich um die zuvor angehäuften Schulden des Vereins und ermöglichte durch großzügige Finanzspritzen teils spektakuläre Transfers. Im Jahr 2017 übernahm der Verein den brasilianischen Weltstar Neymar vom FC Barcelona und zahlte dafür eine Ablösesumme von 222 Millionen Euro. Im selben Jahr wechselte auch Kylian Mbappé für 180 Millionen Euro nach Paris. Bis heute handelt es sich um die beiden teuersten Spielertransfers der Fußballgeschichte.

Diese Investitionen wurden mit den französischen Meistertiteln in den folgenden Jahren (2018 bis 2020) belohnt. Ein internationaler Erfolg wollte Paris Saint-Germain seit dem katarischen Einstieg nicht gelingen – trotzdem gilt Emir Tamim als der Gewinner des Champions-League-Finales 2020, in dem sich Paris Saint-Germain und Bayern München gegenüberstanden. Zwar gewann Bayern München mit 1:0, doch trug die bayerische Mannschaft dabei das Logo von Qatar Airways. Zudem waren die Bayern für Trainingslager schon mehrmals zu Gast in Katar. Auch wenn sich der Widerstand vieler Bayern-Fans gegen die Verbindungen zum Emirat zunehmend bemerkbar macht und bereits Anträge auf deren Unterbrechung gestellt wurden, läuft der aktuelle Sponsoring-Vertrag mit Qatar Airways noch bis 2023. Die Sorgen der Fans, dass ihr Verein zum Vehikel katarischer Außendarstellung mutiert, werden unterdessen durch die Entwicklungen der vergangenen Jahre im englischen Fußball angeheizt.

Die englische Premier League, die stark im Fokus internationaler Fußball-Investoren steht, ist immer mehr zum Schauplatz eines mit harten Bandagen ausgeführten Schlagabtausches zwischen den Golfmonarchien geworden. Die sportliche Konkurrenz spiegelt hier teilweise die politischen Konflikte in der Region akkurat wider und überträgt die Streitigkeiten zwischen den Golfstaaten in die Sphäre des internationalen Fußballs. Im Jahr 2020 versuchten sowohl Katar als auch Saudi-Arabien, über staatlich kontrollierte Fonds den Fußballverein Newcastle United zu übernehmen, nachdem die Fans des 1891 gegründeten Vereins mit dem Geschäftsmann Mike Ashley, dem der Club seit dem Jahr 2007 gehörte, höchst unzufrieden waren. Der sich abzeichnende Eignerwechsel rief den unter der Aufsicht von Kronprinz Mohammed bin Salman stehenden saudischen Staatsfonds auf den Plan, woraufhin kurz darauf der Verkauf nach Saudi-Arabien besiegelt wurde.

Zu Besuch bei Sponsoren: Der FC Bayern München am 10. Januar 2020 in einem Trainingslager in Doha

Nachdem die Witwe des vom saudischen Geheimdienst in Istanbul ermordeten Journalisten Jamal Khashoggi die Fans des Vereins dazu aufgerufen hatte, den Verkauf zu verhindern, waren bereits manche auf Abstand zu dem Plan gegangen. In der Zwischenzeit brachte sich Katar als Alternative in Stellung und wollte über die Qatar Investment Agency oder nachgeordnete Instrumente die Mehrheit der Anteile an Newcastle United übernehmen. Letzten Endes konnten sich aber die saudischen Investoren durchsetzen und 80 Prozent des Clubs werden heute über einen staatlichen Fonds kontrolliert.

Der Verein Manchester City wird bereits seit Jahren massiv von den Vereinigten Arabischen Emiraten unterstützt. Nach der Übernahme 2008 und den damit einhergehenden finanziellen

Möglichkeiten investierte der Verein schon im Jahr 2009 mehr Geld in neue Spieler als jeder andere Verein der Liga. Auch hier sorgte das Engagement des Investors für Konfliktstoff: Konkret sollen direkte Zuwendungen von Scheich Mansour, dem Bruder des amtierenden Präsidenten der Vereinigten Arabischen Emirate und Emirs von Abu Dhabi,[35] fälschlicherweise als Werbeeinnahmen deklariert worden sein. Versteckte Zuwendungen stellen einen Verstoß gegen die «Financial Fairplay»-Regeln des europäischen Fußballbundes UEFA dar, weshalb der Internationale Sportgerichtshof Manchester City bereits zu einer zweijährigen Spielsperre und einer Strafzahlung über 30 Millionen Euro verurteilte. Allerdings wurde die Spielsperre zwischenzeitlich aufgehoben und die Strafe auf die für den Verein verkraftbare Summe von zehn Millionen Euro reduziert. Im Dezember 2020 wurde darüber hinaus bekannt, dass ein Mitglied der emiratischen Herrscherfamilie 50 Prozent des israelischen Vereins Beitar Jerusalem übernommen und Investitionen in den Club angekündigt hat. Die jüngste politische Annäherung an Israel soll also auch auf dem Fußballplatz flankiert werden.

Zu den Sport- und Fußball-Investitionen Katars zählt auch das Geschäft des Pay-TV-Senders BeInSports, der von Katar aus in der gesamten Region verschiedene internationale Fußballligen, darunter auch die Premier League und die deutsche Bundesliga, mit arabischsprachigen Kommentaren überträgt. Vorstandsvorsitzender des Senders ist der dem Emir nahe stehende Investor Nasser al-Khelaifi, der auch als Präsident des Vereins Paris Saint-Germain und seit April 2021 zudem als Vorstandsvorsitzender der ECA, der mächtigen Vereinigung europäischer Fußballclubs, in Erscheinung tritt. Um die Verbreitung und die Umsätze des Senders einzuschränken, betreibt ein dem saudischen Königshaus nahestehender Geschäftsmann und Vertrauter von Mohammed bin Salman in Riad einen Piratensender, der die Spiele ausstrahlt, ohne die hierfür erforderlichen Rechte zu besitzen. In dieser Angelegenheit bahnt sich derzeit ein internationaler Gerichtsprozess an. Die Kommission der Europäischen Union kritisierte die saudische Regierung bereits offiziell für die Unterstützung der illegalen Machenschaften.

Vor dem Hintergrund all dieser Fälle, bei denen insbesondere über den internationalen Fußball politische Feindschaften zwischen den Golfmonarchien ausgetragen wurden, erscheint die WM 2022 für Katar nochmals wichtiger: Das Großereignis repräsentiert Katars Aufstieg zu den WM-Gastgebernationen, zu denen in aller Regel international angesehene und bedeutsame Staaten gehören. Als erstes arabisches Land, vor der wachsamen Konkurrenz aus den Nachbarstaaten, hatte Katar mit seiner Bewerbung Erfolg und kann nun nach Innen und Außen seine Weltoffenheit und internationale Wettbewerbsfähigkeit zeigen. Besonders in der fußballbegeisterten arabischen Welt sammelt Katar daher viele Image-Punkte und hat die Möglichkeit, sich im Golf-Kontext zu emanzipieren. Was die westlichen Industrieländer angeht, die die WM aufmerksam verfolgen werden, so bietet sich Katar die einmalige Gelegenheit, durch gelebte Gastfreundschaft und eine reibungslose WM Vorwürfe und Vorurteile zu entkräften. Auf der anderen Seite werden möglicherweise die Kritiker des Emirats versuchen, den Ablauf der Weltmeisterschaft zu stören oder vor den Augen der ganzen Welt auf Missstände hinzuweisen. Wahrscheinlich gab es noch nie eine unpolitische Fußball-WM, und die Weltmeisterschaft 2022 in Katar wird hier sicher keine Ausnahme darstellen.

Fazit

ie Fußballweltmeisterschaft im Jahr 2022, die zum ersten Mal in einem arabischen Land stattfindet, wird für viele ungewohnt werden. Immerhin haben geopolitische Risiken, interkulturelle Unsicherheit und Unwissen schon im Vorfeld für Unruhe gesorgt – aufseiten der Bewohner und Staatsbürger Katars, die einen Ansturm kulturell unsensibler und permanent angetrunkener Fans befürchten, und bei den Fußballfans in der ganzen Welt, die sich auf eine freudlos-klimatisierte Veranstaltung ohne gewohnte Fan-Atmosphäre einstellen. Dabei können beide Seiten einen erheblichen Beitrag zum Gelingen leisten: Gäste und Gastgeber haben es weitgehend selbst in der Hand, die Veranstaltung zu entpolitisieren und die WM 2022 zu einem Vorbild der Weltoffenheit und des interkulturellen Austausches zu machen.

Die katarische Regierung wird alles in ihrer Macht stehende tun, um den reibungslosen Ablauf des Wettbewerbs sicherzustellen. Vor und während der WM ist keine neue Eskalation des

Konflikts mit den Nachbarstaaten zu erwarten. Emir Tamim und seine Regierung werden zwar aller Voraussicht nach bestehende Verbindungen zu umstrittenen Partnern aufrechterhalten, aber auf eine Betonung des katarischen Sonderwegs und diplomatische Provokationen verzichten. Allerdings stehen auch die Staaten der Anti-Katar-Koalition während der WM unter verstärkter internationaler Beobachtung, eine Störung des Sportereignisses wäre somit mit einem hohen Reputationsrisiko verbunden. Auf beiden Seiten herrscht große Skepsis und beide Seiten sind somit zu großer Vor- und Umsicht angehalten.

Angesichts der politischen Herausforderungen in der Mittelmeerregion und im Nahen Osten ist es für Europa wichtig, den Kontakt zu Katar und den anderen Golfstaaten zu pflegen und auszubauen. Zwar handelt es sich bei den arabischen Golfmonarchien um äußerst kleine Staaten, aber aufgrund ihrer finanziellen Mittel, ihrer außenpolitischen Agilität und ihrer Entschlossenheit haben diese vor allem in den Bürgerkriegsgebieten in Syrien und Libyen zur Zeit großen Einfluss. Dabei ist es aufseiten des Westens besonders wichtig, Ressentiments und Vorurteile wie das Klischee des reichen, aber ungebildeten Ölscheichs zu überwinden, denn diese Vorstellungen stehen einer klaren Analyse der regionalen Begebenheiten oftmals im Wege und verhindern von vornherein eine konstruktive Zusammenarbeit. Gerade bei der Bearbeitung schwieriger Themen – genannt seien hier stellvertretend die Unterstützung fragwürdiger Partner oder die Arbeitsbedingungen der Gastarbeiter – kann mehr gegenseitiger Respekt hilfreich sein.

Für Beobachter der Region empfiehlt es sich, den Blick verstärkt auf die politischen und wirtschaftlichen Strukturen zu richten und sich nicht zu sehr von personellen Veränderungen oder tagesaktuellen Schlagzeilen irritieren zu lassen. Dieses Buch ist hierbei hoffentlich eine Unterstützung, indem es ebendiese – auf den ersten Blick oft verborgenen – Strukturen in den Fokus rückt. Bei eingehender Betrachtung erkennt man oft, dass die Gründe für die Konflikte und Auseinandersetzungen rund um Katar ursächlich wenig mit Religion, ideologischen Überzeugungen, sportlichen Zielen oder kulturellen Eigenarten zu tun haben. Stattdessen geht es – wie überall auf der Welt – um Macht, Einfluss und Wohlstand. Diese Erkenntnis mag ernüchternd wirken, doch ist es vielleicht eine gar nicht so schlechte Basis für ein besseres gegenseitiges Verständnis.

Dank

An dieser Stelle möchte ich mich bei allen Personen bedanken, die mich während der Entstehung des Buches begleitet haben. Zuvorderst bei Sören Kothe (Helmut-Schmidt-Universität, Universität der Bundeswehr Hamburg), der mich bei meinen Recherchen großartig unterstützt hat und ein stets motivierter Mitstreiter war. Ebenfalls herzlich danken möchte ich Richard Beil (GIZ, früher Leuphana Universität Lüneburg) für den wertvollen Austausch während der Konzeption des Buches. Mein großer Dank gilt auch Oliver Schwarzhaupt für die großzügige Gastfreundschaft in Doha sowie Prof. Dr. Annette Jünemann für das sehr unterstützende Arbeitsumfeld am Institut für Internationale Politik der Helmut-Schmidt-Universität.

Zeittafel

ab 1750	Besiedlung der katarischen Halbinsel durch die Stämme Al Thani und Al Khalifa
1783	Angriff der persischen Truppen, der jedoch abgewehrt wird
ab 1820	Ausbau der Macht der Al Thani unter Sheikh Mohammed bin Thani
1867	Machtkampf zwischen den Al Thani und den Al Khalifa, der von Großbritannien beendet wird. Sheikh Mohammed wird zum alleinigen Ansprechpartner für alle Belange der katarischen Halbinsel. Konsolidierung der Vormachtstellung der Al Thani
1878, 18. Dez.	Sheikh Jassim kommt an die Macht. Ihm gelingt es, alle Beduinen-Stämme im Land unter der Herrschaft der Al Thani zu vereinen.
1913–1916	Osmanische und britische Truppen kämpfen um Einfluss in der Golfregion. Rückzug der letzten osmanischen Truppen von der katarischen Halbinsel 1916
ab 1920	In Japan kommen die ersten Zuchtperlen in den Handel, der internationale Handel mit Naturperlen bricht zusammen und damit die Perlenfischerei in Katar. Arbeitslosigkeit und Armut drohen.
1938	Im Gebiet Jabal al-Dukhan wird bei Bohrungen Öl gefunden. Bald darauf beginnt die kommerzielle Förderung.
1961	Beitritt Katars zur OPEC, der Vereinigung Erdöl exportierender Länder
1971, 3. Sept.	Ende des britischen Mandats. Sheikh Ahmad ruft die Unabhängigkeit Katars aus und lässt sich fortan Emir nennen.
1972, 27. Febr.	Sheikh Khalifa bin Hamad kommt durch einen Putsch an die Macht.
1981, 25. Mai	Die arabischen Anrainer-Staaten des Arabischen Golfes gründen in Abu Dhabi den Golf-Kooperationsrat.

156 Zeittafel

1990, 2. Aug.	Irakische Truppen überfallen Kuwait, der zweite Golfkrieg beginnt. Katar und die anderen Mitglieder des Golf-Kooperationsrats beteiligen sich an der Seite der internationalen Koalition an der Befreiung Kuweits.
1992	US-katarisches Verteidigungsabkommen
1995, 27. Juni	Hamad bin Khalifa übernimmt in einem unblutigen Putsch die Macht von seinem Vater Khalifa bin Hamad, während sich dieser in der Schweiz aufhält.
1996, 2. April	Besuch des israelischen Ministerpräsidenten Shimon Peres in Katar und Eröffnung des Israelischen Handelsbüros
1996, Frühjahr	Putschversuch gegen Emir Hamad. Ein Cousin des Emirs wird festgenommen.
1996, 1. Nov.	Der Fernsehkanal al-Jazeera geht in Doha auf Sendung.
2002	Umzug des regionalen amerikanischen Hauptquartiers (CENTCOM) aus Sicherheitsgründen von Saudi-Arabien nach Katar
2003, 29. April	Verfassungsreferendum. Der neue Verfassungstext wird mit 98,4 Prozent Zustimmung angenommen.
2003	Wahlen zum Gemeinderat in Doha und zur Industrie- und Handelskammer
ab 2003	Gemeinsame Ausbeutung des North Gas Field mit Iran
2004	Katar übernimmt den Vorsitz der G77-Gruppe innerhalb der Vereinten Nationen.
2005	Gründung des katarischen Staatsfonds, der Qatar Investment Authority
2006	Katar wird größter Exporteur von Flüssiggas weltweit.
2006–2007	Katar ist gewähltes nichtständiges Mitglied des UN-Sicherheitsrats.
2007	Katar richtet ein Treffen des Golf-Kooperationsrats aus und lädt überraschend auch iranische Vertreter ein.
2008, 22. Nov.	Eröffnung des Museum of Islamic Art in Doha
2008	Erfolgreiche katarische Vermittlung im Libanon-Konflikt

2009	Die zum katarischen Staatsfonds gehörende Qatar Investment Holding übernimmt 17 Prozent der Aktienanteile an Volkswagen.
ab 2011	Revolutionen und Unruhen des sogenannten «Arabischen Frühlings» in vielen arabischen Ländern
2011	Qatar Sports Investment übernimmt den finanziell angeschlagenen Fußballverein Paris Saint-Germain.
2012	Eröffnung eines Verbindungsbüros der afghanischen Taliban in Doha
2013, 25. Juni	Emir Hamad dankt ab und übergibt die Macht an seinen Sohn Tamim.
2013	Franz Beckenbauer besucht Katar und verteidigt die Arbeitsbedingungen auf den WM-Baustellen.
2015, März	Die WM 2022 wird aufgrund des Wüstenklimas auf die Wintermonate verschoben.
2016	Errichtung eines türkischen Militärstützpunktes auf der katarischen Halbinsel
2017, 5. Juni	Die Staaten des «Anti-Katar-Quartetts» unter Führung von Saudi-Arabien brechen die Beziehungen zu Katar ab und isolieren das Land.
2017	Paris Saint-Germain bezahlt für zwei Spielertransfers die Rekordsummen von 222 und 180 Millionen Euro.
2017	Ankündigung eines allgemeinen Mindestlohns, der bis 2021 schrittweise eingeführt wird
2018, Dezember	Katar beendet seine OPEC-Mitgliedschaft.
2018	Eröffnung eines Büros der Internationalen Arbeitsorganisation (ILO) in Katar und Reformen des Arbeitsrechts
2019	Ausrichtung der Leichtathletik-Weltmeisterschaften in Doha
2021	Wiederannäherung zwischen Katar und Saudi-Arabien. Die Blockade wird ausgesetzt.
2021	Katar leistet Unterstützung bei der Evakuierung aus Afghanistan nach der Machtübernahme der Taliban-Regierung.

Chronologie der Al Thani-Herrscher

1822–1850	Thani bin Mohammed
1851–1878	Mohammed bin Thani
1878–1913	Jassim bin Mohammed Al Thani
1914–1949	Abdullah bin Jassim Al Thani
1949–1960	Ali bin Abdullah Al Thani
1960–1972	Ahmad bin Ali Al Thani
1972–1995	Khalifa bin Hamad Al Thani
1995–2013	Hamad bin Khalifa Al Thani
seit 2013	Tamim bin Hamad Al Thani

Anmerkungen

1 In diesem Buch wird aus Gründen der besseren Lesbarkeit im Plural nur die männliche Form verwendet. Sie bezieht sich, wenn nicht anders angegeben, auf Personen aller Geschlechtsidentitäten.

2 Alle Daten wurden gewissenhaft überprüft. Allerdings ist die Qualität der statistischen Angaben oft unsicher, weshalb grundsätzlich große Vorsicht beim Umgang mit Zahlen über die Golfregion geboten ist. Oftmals handelt es sich um Schätzungen, da keine zuverlässigen Zahlen zur Verfügung stehen.

3 Im Familiennamen Al Thani wird das Wort «Al», etwa im Gegensatz zu «al-Jazeera», groß und ohne Bindestrich geschrieben. «Al» bezeichnet in der arabischen Sprache eine Großfamilie, während das kleingeschriebene «al» der einem Substantiv vorangestellte bestimmte Artikel ist.

4 Arabische Namen können sich aus mehreren Bestandteilen zusammensetzen. In diesem Buch wird zur besseren Übersicht meist eine Kurzform der Abstammung *(nasab)* verwendet. Hinter dem Vornamen zeigt *ibn* oder *bin* (Sohn von) beziehungsweise *bint* (Tochter von) den Namen des direkten Vorfahren bzw. der direkten Vorfahrin an. Um Verwechslungen zu vermeiden, werden an manchen Stellen ergänzende Namensbestandteile (Ehrentitel, Familienname etc.) aufgeführt.

5 Der Wahhabismus geht auf den religiösen Anführer al-Wahhab zurück, der die Familie Al Saud bei der Gründung und Konsolidierung des Königreiches Saudi-Arabien unterstützte. Weitere Details zu den religiösen und gesellschaftlichen Positionen der auch über Saudi-Arabien hinaus zunehmend verbreiteten islamischen Tradition finden sich im folgenden Kapitel.

6 Da die eingefärbten Stoffbahnen stets großer Sonneneinstrahlung ausgesetzt waren, verblasste schnell die rote Farbe, sodass sich mit der Zeit der bordeauxrote Ton der heute verwendeten Nationalflagge durchgesetzt hat.

162 Anmerkungen

7 Der Titel «König» (arabisch *malik*) wird derzeit nur in Saudi-Arabien und Bahrein verwendet.

8 Der Journalist Blake Hounshell verwendete diese Bezeichnung in einem 2012 erschienenen Artikel in der Zeitschrift *Foreign Policy*.

9 «al-Jazeera» ist das arabische Wort für Insel. Es wird in erster Linie zur Bezeichnung der arabischen Halbinsel gebraucht. Auch die katarische Halbinsel kann so benannt werden.

10 Mit der Ausnahme Ägyptens und Jordaniens, die 1979 respektive 1994 einen Friedensvertrag mit Israel unterzeichneten, bestanden jahrzehntelang keine offiziellen diplomatischen Verbindungen zwischen Israel und den übrigen arabischen Staaten. 2020 erklärten die Vereinigten Arabischen Emirate und Israel die Aufnahme von direkten Gesprächen, deren Ergebnisse gespannt erwartet werden.

11 Im Folgenden Hamad bin Jassim genannt.

12 Die Begriffe «Islamisches Recht» und «Scharia» sorgen immer wieder für Ärger, da sie oftmals mit grausamen Körperstrafen in Verbindung gebracht werden. Diese sogenannten Hadd-Strafen werden allerdings in den allermeisten arabischen Staaten nicht verhängt und der Einfluss Islamischen Rechts beschränkt sich weitestgehend auf die Bereiche des Familien- und Erbschaftsrechts. Die Rechtsprechung beruft sich zumeist auf eine traditionelle Rechtsschule und den dazugehörigen Textkorpus, allgemeine Aussagen über «die Scharia» gestalten sich somit als schwierig und sind in vielen Fällen unpräzise oder falsch.

13 Dieses Verbot wurde flächendeckend maßgeblich von den christlichen Kolonialherren in die arabische Welt importiert.

14 Bei der religiösen Almosenabgabe in Höhe von 2,5 Prozent auf bestimmte Vermögenswerte handelt es sich neben dem Glaubensbekenntnis, dem rituellen Gebet, der Pilgerfahrt nach Mekka und der Einhaltung des Fastenmonats um eine der sogenannten Fünf Säulen des Islams.

15 Inwiefern es sich um den Muslimbrüdern nahestehende Vereine handelt, ist nicht immer eindeutig zu ermitteln. Schließlich geht es um eine zwar traditionsreiche, doch dabei sehr vielfältige und vielschichtige Bewegung und nicht um eine Organisation mit formaler Mitgliedschaft.

16 Der iranische Teil des Feldes wird als «South Pars Field» bezeichnet.

17 Mithilfe alternativer «unkonventioneller» Fördermethoden kann mittlerweile auch aus Schiefergestein Gas gewonnen werden

(Fracking). Die dafür nutzbaren Gebiete zählen nicht zu den hier angegebenen Reserven, da bei Fracking nicht nur Umweltprobleme, sondern auch sehr hohe Kosten zu erwarten sind, die die Förderung nur bei hohen Gaspreisen wirtschaftlich sinnvoll machen.

18 Im ersten Pandemie-Jahr 2020 verzeichnete Katar eine nur leicht schrumpfende Wirtschaft (minus 3,7 Prozent), bereits 2021 standen die Zeichen wieder auf Wachstum.

19 Die Deutsche Bahn hat mittlerweile ihre eigenen Anteile an der Gesellschaft Qatar Railways Development Company an das staatliche Unternehmen RAIL verkauft, das nun Alleineigentümer ist, wirkt jedoch weiterhin in beratender Funktion am Ausbau des Schienennetzes mit.

20 An dieser Stelle sei daran erinnert, dass die Kategorien nicht völlig trennscharf und erschöpfend sind und sich sicher viele Individuen keiner oder mehreren der genannten Gruppen zugehörig fühlen. Sie dienen lediglich einem konkreteren Eindruck der Strukturen von Arbeitsmarkt und Gesellschaft vor Ort.

21 In Deutschland verlieren nach offiziellen Angaben jährlich insgesamt etwa einhundert Personen das Leben auf dem Bau.

22 Die Kriterien werden in dem im Jahr 2000 verabschiedeten Trafficking Victims Protection Act (TVPA) aufgeführt.

23 Im Jahr 2015 eröffnete in Doha ein Museum, das für die Geschichte der Sklaverei sensibilisieren und den Beitrag von versklavten Menschen zur Entstehung und Entwicklung großer Zivilisationen würdigen soll. Angesichts der Vorwürfe Sklaverei-ähnlicher Beschäftigungsverhältnisse im Land wurde dies oft als zynisch bezeichnet, obwohl oder gerade weil die Ausstellung einer kritischen Herangehensweise folgt.

24 Zuvor hatten bereits einige (rohstoffreiche) Bundesstaaten der Vereinigten Staaten von Amerika Fonds aufgelegt, allerdings handelt es sich nicht um souveräne Staaten und somit auch nicht um Staatsfonds im engeren Sinne.

25 Seit 2015 ist Katar nicht mehr an Hochtief beteiligt und das Unternehmen gehört inzwischen mehrheitlich der Grupo ACS.

26 Wie oben bereits erwähnt, absolvierte Emir Hamad seine militärische Ausbildung an der britischen Militärakademie Sandhurst. Auch Emir Tamim wurde in England ausgebildet. Er besuchte zunächst ein prestigeträchtiges Internat und erhielt 1998 ebenfalls einen Abschluss der Militärakademie Sandhurst.

164 Anmerkungen

27 Im Jahr 2011 erwarb Qatar Sports Investment zunächst 70 Prozent, im folgenden Jahr dann die restlichen 30 Prozent vom amerikanischen Unternehmen Colony Capital.

28 Hier sei nochmals an die teils schwierige Datenlage erinnert. Alle Angaben wurden bestmöglich geprüft, sind aber mit Vorsicht zu betrachten. Die Zahl bezieht sich hier auf Angaben der IISS Military Balance 2018. Jüngste Entwicklungen sind hierbei also noch nicht erfasst.

29 Die Organisation wurde 2011 in «Organisation for Islamic Cooperation» umbenannt.

30 Offiziell fanden die Verhandlungen unter der Ägide der Arabischen Liga statt, doch wurden sie konkret von der katarischen Staatsführung geleitet.

31 Durch die Islamische Weltliga mit Sitz in Dschidda fördert die saudische Regierung zahlreiche Großmoscheen in Europa, etwa in Brüssel, Genf und Rom.

32 Wie sehr dieser Schlagabtausch zwischen beiden Monarchien alle Politikbereiche durchdringt, zeigt sich nicht nur an den sich feindlich gegenüberstehenden Milizen in Bürgerkriegsregionen, sondern etwa auch an Projekten internationaler wirtschaftlicher Zusammenarbeit: So betreibt der Schwager des Emirs, zu dessen Vermögen auch das Hotel «The Ritz» in London gehört, in Kooperation mit Toyota in Katar eine Fertigungsstätte für gepanzerte Fahrzeuge, die als politisches Exportgut bevorzugt in Länder des subsaharischen Afrika verschifft werden, um dort den Einfluss der Vereinigten Arabischen Emirate zurückzudrängen.

33 Insbesondere das ägyptische Militärregime ist bekannt für die Brutalität der Repression, internationale Menschenrechtsorganisationen haben bereits unzählige Fälle von spurlosem Verschwinden oder grausamer Folter in Polizeigewahrsam dokumentiert.

34 In den Jahren 1995, 2000 und 2006 fand die Veranstaltung nicht statt.

35 Traditionell wird das Amt des Präsidenten der Vereinigten Arabischen Emirate vom Emir Abu Dhabis ausgeübt. Abu Dhabi ist das größte und wohlhabendste der sieben Emirate, die sich 1971 zu dem Verbund zusammentaten.

Literaturhinweise

Grundlagen

Fromherz, Allen J.: Qatar: A modern history, London 2012

Hey, Jeanne A. K. (Hrsg.): Small States in World Politics: Explaining Foreign Policy Behavior, Boulder 2013

Nye, Joseph S.: The Future of Power, New York 2011

Ulrichsen, Kristian C.: Qatar and the Arab Spring, London 2014

Zur Vertiefung

Copeland, Daryl: Guerilla Diplomacy: Rethinking International Relations, Boulder 2009

Kettner, Jeremias: Deutsche Außenpolitik gegenüber Katar von 1999–2014, Heidelberg 2019

Rabi, Uzi: Qatar's Relations with Israel. Challenging Arab and Gulf Norms, in: Middle East Journal, 63(3), 2009, S. 443–460

Rosman-Stollman, Elisheva: Qatar. Liberalization as Foreign Policy, in: Teitelbaum, Joshua (Hrsg.): Political Liberalization in the Persian Gulf, London 2009, S. 187–210

Bildnachweis

Seite 21: Foto: Oussama Ayoub, © picture-alliance/dpa
Seite 31: © sezer ozger/Alamy Stock Foto
Seite 38: © picture alliance/Reuters
Seite 39: Foto: Steffen Schmidt, © picture alliance/dpa
Seite 61: Foto: Norbert Eisele-Hein, © picture alliance/imageBROKER
Seite 66: Foto: Tim Brakemeier, © picture-alliance/dpa
Seite 85: Foto: Andreas Gebert, © picture alliance/dpa
Seite 138: Foto: Fadi al-Assaad, © picture alliance/Reuters
Seite 145: Foto: Peter Kneffel, © picture alliance/dpa

Karte vordere Umschlaginnenseite: CIA/Library of Congress
Karte hintere Umschlaginnenseite: Peter Palm, Berlin

Personenregister

Der arabische Artikel «al» sowie die Bezeichnung für bedeutende Familienstämme «Al» wurden bei der Sortierung nicht berücksichtigt.

Abramowitsch, Roman 100
Anholt, Simon 132 f.
Ashley, Mike 144
Al Attiyah (Familie) 37–39
Al Attiyah, Abdullah bin Hamad 38
Al Attiyah, Abdulrahman bin Hamad 38
Al Attiyah, Khalid bin Mohammed 38 f.

Basler, Mario 136
Batistuta, Gabriel 137
Beckenbauer, Franz 87, 142, 156

Erdoğan, Recep Tayyip 127 f.

Gabriel, Sigmar 126 f.
al-Gaddafi, Muammar 114

Hierro, Fernando 136
Hussein, Saddam 32

Al Khalifa (Familie) 27 f., 154
Khashoggi, Jamal 145
al-Khelaifi, Nasser 142, 146
al-Kubaisi, Fahad 60

Lückenkemper, Gina 141

Mattis, James 126
Mbappé, Kylian 143
Meshaal, Khaled 111 f.
Merkel, Angela 97, 116
al-Missned, Mozah bint Nasser 37, 39, 41
Mogherini, Frederica 126
Mohammed (Prophet) 27, 56, 107
Mohammed ibn Abd al-Wahhab 56
Mohammed bin Hammam 142
al-Mohannadi (Familie) 39
Müller, Gerd 116
Mursi, Mohammed 114 f.

Al Nahyan, Mansour bin Zayed 146
Neymar 143

Obama, Barack 104

Pei, I. M. 10
Peres, Shimon 155

al-Qaradawi, Yusuf 58, 112

Al Saud (Familie) 56
Al Saud, Mohammed bin Salman 144, 146

Al Saud, Salman bin Abd al-Aziz 125 f.

Al Thani (Familie) 26–34, 36 f., 40, 42 f., 60, 69 f., 71–73, 77, 99 f., 128, 154

Al Thani, Abdullah bin Jassim 30, 157

Al Thani, Ahmad bin Ali 31, 154, 157

Al Thani, Ali bin Abdullah 30 f., 157

Al Thani, Hamad bin Jassim bin Hamad 35

Al Thani, Hamad bin Jassim bin Jabr 36–38, 40 f., 104, 106

Al Thani, Hamad bin Khalifa 32–42, 55, 60, 65, 70, 92, 103–106, 108, 132, 155–157

Al Thani, Jassim bin Mohammed 28 f., 154, 157

Al Thani, Khalifa bin Hamad 31–33, 35 f., 104, 106, 154 f., 157

Al Thani, Mohammed bin Abdulrahman 122, 125, 127

Al Thani, Tamim bin Hamad 37, 41–43, 74, 100, 125, 127, 136, 144, 151, 156 f.

Thani bin Mohammed 28, 154, 157

Tillerson, Rex 126

Trump, Donald 104, 125 f.

Aus dem Verlagsprogramm

Politik und Gesellschaft

Muriel Asseburg
Palästina und die Palästinenser
Eine Geschichte von der Nakba bis zur Gegenwart
2., aktualisierte Auflage. 2022. 365 Seiten mit 21 Abbildungen und
10 Karten. Broschiert
C.H.Beck Paperback Band 6062

Olaf Bernau
Brennpunkt Westafrika
Die Fluchtursachen und was Europa tun sollte
2022. 317 Seiten mit 2 Karten. Broschiert
C.H.Beck Paperback Band 6456

Josef Braml
Die transatlantische Illusion
Die neue Weltordnung und wie wir uns darin behaupten können
2., aktualisierte Auflage. 2022. 176 Seiten. Klappenbroschur
C.H.Beck Paperback Band 6471

Michael Lüders
Hybris am Hindukusch
Wie der Westen in Afghanistan scheiterte
2022. 205 Seiten mit 1 Karte. Klappenbroschur
C.H.Beck Paperback Band 6470

Carlo Masala
Weltunordnung
Die globalen Krisen und die Illusionen des Westens
3., aktualisierte und erweiterte Auflage. 192 Seiten mit 15 Abbildun-
gen. Klappenbroschur
C.H.Beck Paperback Band 6249

Conrad Schetter
Kleine Geschichte Afghanistans
5., aktualisierte Auflage. 2022. 175 Seiten mit 5 Karten
und 1 Stammtafel. Broschiert
C.H.Beck Paperback Band 1574

Islamische Welt

Katajun Amirpur
Khomeini
Der Revolutionär des Islams
Eine Biographie
2021. 352 Seiten mit 34 Abbildungen. Gebunden

Lutz Berger
Die Entstehung des Islam
Die ersten hundert Jahre
Von Mohammed bis zum Weltreich der Kalifen
2. Auflage. 2016. 334 Seiten mit 16 Abbildungen und 2 Karten.
Gebunden

Thomas Bauer
Warum es kein islamisches Mittelalter gab
Das Erbe der Antike und der Orient
2018. 175 Seiten mit 12 Abbildungen.

Gudrun Krämer
Der Architekt des Islamismus
Hasan al-Banna und die Muslimbrüder
Eine Biographie
Historische Bibliothek der Gerda Henkel Stiftung
2022. 528 Seiten mit 52 Abbildungen. Gebunden

Maurus Reinkowski
Geschichte der Türkei
Von Atatürk bis zur Gegenwart
2021. 496 Seiten mit 51 Abbildungen und 6 Karten.
Gebunden

Mathias Rohe
Das islamische Recht
Geschichte und Gegenwart
4. Auflage. 2022. 636 Seiten. Gebunden